ANNE THIOLLIER

LE THÉ AUX HUIT TRÉSORS

HACHETTE
Jeunesse

Pour Yue Jie Qing
et Huang Wen Ling

Le vent avait soufflé toute la journée en tempête sur la ville, et soudain, un calme relatif annonça une bourrasque plus violente. Dans la pénombre grise du crépuscule se leva alors une sorte de trombe de sable jaune, comme on n'en voit guère en cette saison déjà froide, et Yu Mei, descendant du bus, serra les pans de sa veste matelassée et pressa le pas. Malgré le foulard de mousseline rose qu'elle portait devant la figure pour se protéger de la poussière, elle avait du mal à respirer et avançait avec peine face au vent le plus redoutable à Pékin, le vent du nord-ouest. Remontant la rue, deux cyclistes perdirent l'équilibre et tombèrent, l'un entraînant l'autre, incapables de résister à la violence du souffle. Ils continuèrent à pied, pliés en deux sur leur vélo, comme s'ils poussaient une charge de plusieurs tonnes.

En ouvrant la porte de l'appartement, Yu Mei entendit les coups rythmés du couteau-hachoir sur la planche, signe que quelque chose de bon se préparait dans la cuisine.

« On a de la visite ?

— Ta mère va passer ce soir, cria la grand-mère en montrant son visage en sueur à la porte de la minuscule cuisine. Pourquoi tu es essoufflée comme ça ?

— On ne peut pas respirer avec ce vent. En plus, comme personne ne veut marcher à pied par ce temps, les bus sont encore plus bondés que d'habitude. »

Dans la pièce à vivre, il y avait un canapé, une table pliante sur laquelle Yu Mei jeta son cartable, et un petit meuble vitré avec la télévision. Ce n'était pas le moment de l'allumer, malgré l'envie qu'elle en avait, car le lendemain, il y avait une interrogation d'histoire, la matière qu'elle détestait le plus.

On entendait le tic-tac d'une petite pendule, et le vent qui soufflait dehors. La grand-mère entra avec un verre d'eau bouillante que sa main, encore blanche de farine, posa au bord de la table.

« Bois bien chaud, avant de te mettre au travail ! »

En Chine, les parents qui travaillent ont souvent une vie trop difficile pour pouvoir s'occuper de leur enfant, et s'il y a une grand-mère en bonne santé, c'est elle qui s'en charge.

La mère de Yu Mei était employée dans le grand magasin d'un quartier périphérique de Pékin. Elle avait là-bas un petit logement, et sa fille venait y passer les week-ends. De toute façon, il n'y avait pas d'école dans le coin, et sa grand-mère l'adorait.

Yu Mei bâilla et referma son cahier. « Ce que c'est lassant de faire tous les jours la même chose », songeait-elle.

« Ouvre à ta mère, je viens de la voir passer par la fenêtre... »

Sans attendre la suite, Yu Mei avait dégringolé les trois étages et sauté dans les bras de sa mère. Ce n'était pas qu'elle se sentît spécialement impatiente de la voir, car n'ayant jamais vécu auprès d'elle, elle ne lui était pas très attachée. Mais elle était contente de se dégourdir les jambes, et cette visite imprévue rompait la monotonie quotidienne. Elles montèrent, comme d'habitude, dans le noir. Les ampoules des montées d'escalier étaient presque toujours cassées ou volées – ce qui évitait les interminables disputes pour la répartition des frais d'électricité. Les gens y étaient habitués ; d'ailleurs le noir n'était pas complet ce soir-là, car la lune se levait juste en face.

« Regarde ce que je t'ai apporté, dit la mère en posant un sac sur le canapé. Quelque chose de bien chaud pour l'hiver..., et elle sortit du plastique un gros chandail couleur feuille-morte.

— Beurk, cette couleur, c'est moche !

— Qu'est-ce que tu racontes, intervint la grand-mère, c'est classique, et regarde-moi cette qualité !

— Pff... Ça fait vieux, j'aime pas. »

La mère était ennuyée mais ne montrait rien. De toute façon, sa fille aurait chaud avec ce pull, et c'était ce qui comptait.

« Et pour remplacer ton vieux bonnet usé..., ajouta-t-elle en exhibant une touffe de laine couleur rouille.

— Te voilà équipée ! » se hâta de dire la vieille dame.

Yu Mei ne dit rien mais soupira en songeant à cette fille de sa classe dont la tante posait pour des photos de mode, et qui portait toujours des vêtements moulants de couleurs vives. « Quand je gagnerai ma vie, je m'achèterai enfin des choses que j'aime. Mais quelle poisse d'attendre tout ce temps ! » pensait-elle.

Elle dit « Merci, maman » d'un ton pas convaincu du tout, et alla chercher les bols et les baguettes, pendant qu'une publicité, à la télévision allumée par sa mère, vantait les mérites d'un sirop pour la toux.

Comme d'habitude, les raviolis étaient délicieux. Comme d'habitude, la mère le dit, et la grand-mère répondit :

« Si c'est bon, il faut en manger un peu plus ! »

Comme d'habitude, il y en aurait eu pour dix personnes, et comme d'habitude, les deux femmes tombèrent d'accord que ce serait très bon, grillé, le lendemain.

Après le dîner, la grand-mère mit ses lunettes pour recoudre un bouton à la veste de sa fille, malgré ses protestations, puis prit la petite pendule sur le meuble, pour la remonter, comme tous les soirs. Pour Yu Mei, c'était un objet ridicule. Son cadran était un chromo de style révolutionnaire. On y voyait, derrière les chiffres, des paysans souriant de toutes leurs dents qui partaient la bêche à l'épaule vers des champs plantés de drapeaux rouges et de lignes à haute tension.

« Pourquoi tu y tiens, à cette vieille pendule, maman ? Quand je dis à grand-mère qu'elle est moche comme tout, elle dit que c'est toi qui y tiens.

— Je dis d'abord qu'elle marche, interrompit la

grand-mère, qui, visiblement, aurait aimé parler d'autre chose.

— Oui, mais elle avance drôlement...

— Grâce à elle, tu n'es jamais en retard à l'école.

— Je te rappelle qu'une fois, je suis arrivée si tôt que le portail n'était pas encore ouvert. Je n'avais pas ri du tout.

— Et bien oui, je vais t'expliquer, dit la mère en s'adressant à sa fille. Cette pendule, c'est la seule chose que nous possédions, ton père et moi, quand nous nous sommes mariés, à part deux vieilles couvertures ouatées. Nous plaisantions en disant que c'était là toute notre richesse, et nous l'avons toujours gardée, enfin... jusqu'à ce qu'il s'en aille. Après, elle est restée ici. »

Le malaise n'eut pas le temps de s'installer.

« Allez, ma fille, si tu ne veux pas dormir là, il est temps que tu partes. »

La porte se referma, mais Yu Mei n'avait pas envie de dormir. Sa grand-mère, avec un chiffon, s'était mise à nettoyer le verre de la pendule.

« Maman est d'habitude aussi bavarde qu'un poisson d'aquarium, mais aujourd'hui, elle nous a fait des confidences !

— Et toi, tu pépies comme un moineau ! La bonne éducation, c'est de ne pas parler à tort et à travers...

— Oh ! là ! là ! encore des vieux trucs ringards. En tout cas, si c'est pas à toi que je dis ce que j'ai sur le cœur, tu veux me dire à qui je le dirais ? »

La grand-mère eut un petit sourire derrière ses lunettes, et lui rétorqua simplement d'aller se coucher.

Les deux tiers de la minuscule chambre étaient occupés par une grande planche de bois sur pieds, garnie d'un matelas de bourre de coton. Le reste de la literie – couettes et oreillers – restait impeccablement plié pendant la journée. Yu Mei se déshabilla, se glissa sous sa couette, et s'endormit sans attendre que sa grand-mère eût pris place à côté d'elle.

Le lendemain matin, le ciel était lavé, tout neuf, d'un bleu de porcelaine.

« Il n'y a plus de vent, je prends mon vélo, annonça Yu Mei en partant à l'école.

— N'oublie pas ton antivol », lui cria sa grand-mère en guise d'au revoir.

Dans les rues, les balayeuses, avec leur masque en coton blanc devant la bouche, rassemblaient patiemment tout le sable que le vent de la veille avait apporté des déserts de Mongolie, et une quantité de détritus en tout genre qu'il avait arrachés aux poubelles.

Arrivée à un grand croisement, Yu Mei devait

quitter la piste cyclable pour prendre à gauche l'avenue qui la mènerait à son collège. Il fallait d'abord qu'elle atteigne le centre du carrefour, puis qu'elle passe devant le flot des vélos et des voitures qui continuaient tout droit, à contre-courant. Elle faisait cela si souvent que ça ne lui demandait aucun effort particulier. Elle connaissait les passages dangereux, et, quand le flot de voitures, de camions et de bus était trop compact, elle posait le pied par terre. Elle avait même une technique très au point pour sauter en route, un pied appuyé sur une pédale et l'autre jambe passant par-derrière, si un danger survenait brutalement. En vélo, à Pékin, il fallait avoir des yeux derrière la tête et une ouïe de lézard. Le plus pénible, c'était la pollution entretenue par les échappements des moteurs mal réglés de la plupart des véhicules.

Yu Mei atteignit le centre du carrefour, un doigt sur la sonnette, à l'intention d'un grand-père un peu branlant qui roulait comme s'il était seul dans le désert. Au redémarrage, il fallait jouer de vitesse pour passer avant que ne s'ébranle la file de ceux qui venaient en face. Pas question de somnoler ou même de réfléchir au sujet vachard que la prof d'histoire allait bien pouvoir imaginer pour coincer ses élèves à l'interrogation écrite. Voilà ! La voie était libre, elle allait pouvoir foncer. Son pied droit s'apprêtait à appuyer de toute sa force sur la pédale quand la roue avant du pépé qui se croyait seul au monde se retrouva bloquant la sienne. L'élan qu'elle avait pris la déporta sur la droite. Elle ne vit pas arriver une mobylette lancée à toute allure qui heurta sa roue avant et éjecta son cartable du panier métallique. Elle fit une spectaculaire culbute sur le côté, et le passager arrière de la mobylette fit également un vol plané, mais cela, Yu Mei ne le vit pas, pas plus qu'elle ne vit la conductrice casquée de cette mobylette poursuivre sa course sans un regard en arrière.

Étourdie, une jambe coincée sous son vélo, la première chose qu'elle entendit fut :

« Ah, la garce, la sale bonne femme ! Attends un peu... »

Tout tournait autour de Yu Mei : les reflets du soleil sur le cadre de son vélo dessinaient des bandes de lumière crue entre ses cils. Il y avait des voix qui questionnaient, des voix qu'elle ne connaissait pas... Et par-dessus, plus forte que les autres, il y en avait une qui criait des insultes. Quelques secondes lui suffirent pour reprendre ses esprits, et alors elle fut terrorisée à l'idée qu'on pouvait parler d'elle. Yu Mei se fit toute petite, elle n'osait pas tourner la tête.

« Sale garce ! » continuait la voix.

Mais après tout, qu'avait-elle fait ? Elle ne cherchait qu'à passer le carrefour et n'avait commis aucune imprudence. En bougeant les jambes, elle sentit que tout allait bien et se mit debout, un peu vacillante tout de même, pour attraper son cartable. C'était le moment où ce petit point de blocage de la circulation commençait à créer un attroupement.

Quelqu'un lui attrapa le bras et l'entraîna sur le bas-côté en lui disant :

« Il faut dégager d'ici, sinon les flics vont rappliquer ! »

Elle le suivit et s'étonna qu'il ait même empoigné son vélo. Il boitait, mais avait l'air déterminé, et c'était lui – elle reconnaissait sa voix – qui avait crié des insultes. Elle monta sur le trottoir et son regard tomba, par hasard, sur le vieux monsieur qui s'éloignait du carrefour en pédalant de la même allure tranquille. Elle pensa qu'il y avait sur Terre des gens vraiment imperturbables.

Le garçon qui l'avait attrapée par le bras avait une drôle d'allure, mais semblait étonnamment calme. Il roulait maintenant le bas de son pantalon autour de sa cheville qui saignait, sans se plaindre, comme s'il évaluait froidement les dégâts.

« Regarde si tu vois des flics dans le coin ! C'est jamais bon d'avoir affaire à eux. »

Et relevant la tête, il cria en direction de Yu Mei :

« Tu me dis, hein, si tu en vois ? »

Yu Mei se moquait bien des flics. Elle serait en retard à l'interrogation d'histoire, et ça, c'était pire que les flics.

« Flûte ! ma roue est tordue ! »

Et en plus, elle ne pouvait plus rouler.

« C'est rien ça, attends une minute, j'ai pas envie de tacher mon pantalon... Ah, si cette vieille garce m'avait attendu... Maintenant il va falloir que je me tape tout le chemin à pied ! »

Yu Mei, qui avait pourtant d'autres soucis, sortit de son sac un mouchoir et le lui tendit.

« Mais je vais te le tacher... »

Elle ne répondit pas à cela.

« Ça m'embête, je vais être tellement en retard à l'école !

— Et alors ? En voilà une histoire ! Tu es vivante, c'est ça qui compte, non ? »

Yu Mei en resta bouche bée. Ils n'étaient pas sur la même longueur d'onde.

« Si je rate l'interro de ce matin, la prof est capable de me mettre tout simplement zéro ! »

Le garçon ricana. Elle mourait d'envie de s'en aller loin de cet imbécile, mais son vélo était hors d'état de rouler.

« Si ça t'arrivait à toi, je suppose que ça te ferait marrer...

— C'est sûr que ça risque pas de m'arriver !

— Ah bon... »

Yu Mei commençait vraiment à s'énerver.

« T'es fils de ministre, peut-être, alors tu as toutes les excuses que tu veux et on n'ose rien te reprocher, c'est ça ?

— Oh ! Du calme ! Moi, j'ai pas de temps à perdre à l'école, c'est tout ! »

Le ton n'admettait pas de réplique et Yu Mei ne dit rien. Elle s'était moquée de lui : avec ses vêtements trop grands qui semblaient empruntés à un adulte, il n'avait pas du tout l'air d'un fils à papa, et puis il était dans le pétrin lui aussi. Sa blessure à la jambe ne s'arrêtait pas de saigner. Le mouchoir qu'il avait attaché autour de sa cheville portait déjà une grosse cocarde rouge, pourtant ça n'avait pas l'air de le préoccuper et il essayait maintenant de détordre la roue du vélo.

« Elle t'a bien arrangée, la triple garce : tu es bonne pour le réparateur.

— Et l'interro d'histoire qui est en train de se finir, marmonna Yu Mei en regardant sa montre.

— Ah, arrête les jérémiades ou je me casse ! Tiens-moi plutôt la roue que je remette la chaîne et... »

Maintenant c'était lui qui s'énervait. Mais il n'eut pas le temps de finir sa phrase car une grosse matrone portant le brassard rouge du Comité de quartier[1] avait surgi devant eux et les interpellait d'un ton agressif :

« C'est vous qui troublez l'ordre ?

— Comment ça ? On se fait renverser par une moto et on se fait engueuler ?

— Répondez poliment, hein ? On vient de me dire qu'une mobylette avait provoqué un accrochage...

— Et alors ? Vous la voyez la mobylette ? Vous croyez qu'elle vous a attendue ? Elle s'est cassée vite fait, oui ! Et d'abord qui c'est qui a mouchardé ?

— Qui parle de mouchardage ? C'est un devoir de donner des renseignements pour le maintien de l'ordre...

— C'est ça, c'est ça !

— Vous parlez comme des voyous ! Figurez-vous que c'est un monsieur bien honnête qui m'a prévenue. Il a failli être renversé lui aussi.

— Ah, j'y suis ! Eh bien, il y en a qui ne

1. Responsable de quelques pâtés de maisons, le Comité de quartier est un organe de surveillance des citoyens par eux-mêmes, animé par des retraités portant un brassard rouge. Ils doivent essayer de tout savoir sur tout le monde, et ne sont donc pas franchement aimés.

manquent pas de culot… Si je vous disais que c'est lui qui a causé l'accrochage, vous ne me croiriez pas, alors… »

Yu Mei commençait à rire sous cape.

« Les vieillards sont prudents, c'est pas comme vous…

— Mais oui, évidemment… »

La grosse mémère du Comité de quartier ne semblait pas s'apercevoir de leur ironie.

« Je voudrais juste connaître le signalement des passagers de la mobylette. Il paraît qu'ils étaient deux. Il y en a une qui nous casse les oreilles tous les jours dans le quartier, en ce moment, et je voudrais bien savoir si c'est elle.

— Tout ce que je peux dire, c'est que c'était un type énorme habillé en jean, c'est tout ce que j'ai vu !

— Et derrière lui, il y en avait un autre avec des lunettes noires, ajouta Yu Mei.

— Ah bon, alors c'était pas la même, ben tant pis ! Allez, dégagez vite. »

Elle s'éloigna sans plus se préoccuper d'eux, d'une démarche un peu en canard à cause de sa corpulence. Au bout de quelques pas, tout de même, elle se retourna et leur cria en désignant le vélo du menton :

« Il y a un réparateur juste après l'angle, dans la première ruelle à gauche. »

Yu Mei se retenait pour ne pas éclater de rire, mais le garçon restait imperturbable.

« On est bien protégés avec des mémés pareilles, tu ne trouves pas ? Je ne sais pas ce qu'elle a pensé de ce que je faisais au milieu du carrefour : les piétons n'ont pas le droit de traverser ici, et être deux sur un vélo est encore plus interdit. Elle aurait dû conclure toute seule que j'étais le passager de la moto, mais elle n'y a vu que du feu ! »

C'est comme ça qu'une espèce de complicité était née, bizarrement, entre eux deux.

« Et les vieux prudents et honnêtes, tu parles : quel sale faux jeton, ce bonhomme ! »

Finalement, tirant et poussant, ils se dirigèrent vers le réparateur de bicyclettes.

« La fille sur la moto, comment ça se fait qu'elle t'ait laissé tomber ? C'est ta grande sœur ?

— C'est mon patron !

— Ton patron ? »

Pas de réponse. Un vélo dont la roue avant est bloquée n'est pas facile à transporter. Pourtant, tout en soulevant le guidon, le garçon frôla une poubelle publique, allongea le bras et en retira une canette de bière un peu cabossée qu'il mit dans sa poche. Au regard interrogateur de Yu Mei, il répondit :

« J'ai l'œil ! »

Elle se dit que, sans doute, sa famille devait revendre les canettes d'aluminium à un des nombreux fripiers qui arpentaient régulièrement les ruelles de Pékin en criant : « Vieux chiffons ! ferraille ! cartons ! »

« Tu as mal à ta blessure ?

— T'occupe pas de ça ! »

C'était dit d'une voix si cinglante que Yu Mei, une deuxième fois, eut envie de s'en aller très vite...

« Vraiment, c'est bien, la conversation avec toi !

— ...

— Je ne t'ai rien demandé. Je te rappelle que c'est toi qui as attrapé mon vélo...

— C'est rare que je sois si aimable, profites-en ! »

Ils étaient arrivés à la boutique du réparateur et quelqu'un s'était mis tout de suite à démonter la roue abîmée. Quoique énervée du ton de leur conversation, Yu Mei voyait qu'il faisait un effort pour ne pas montrer qu'il avait mal.

« C'est loin où tu vas après ? »

Le garçon ne pouvait plus tergiverser : c'était très loin et il n'y arriverait pas à pied.

« Drôlement ! Justement, je me demandais si tu ne pourrais pas me prêter ton vélo... Je te le rapporterai à la sortie de l'école. »

Cette réponse imprévue plongea Yu Mei dans

l'embarras. Elle savait toutes les histoires sinistres qui se racontaient en ville, dont la morale était invariablement qu'il ne fallait pas parler à un inconnu, n'accorder sa confiance qu'avec une extrême prudence, etc., etc. Enfin tout ce dont les adultes, qui n'étaient pas étouffés par la générosité, rebattaient les oreilles des enfants.

« Ça se fait pas, pour une gosse de riches, de prêter ses affaires, c'est ça ? »

Cette fois c'en était trop. Une colère froide piquait les yeux de Yu Mei comme des petites aiguilles.

« Si t'as l'œil, comme tu dis, tu dois voir que je suis pas une gosse de riches. »

Elle enrageait de sentir les larmes lui monter aux yeux. L'autre reprit :

« "Gosse de riches", c'est une manière de dire. Disons que tu as tout chez toi, sans bouger le petit doigt, je suis sûr. À manger et de quoi t'habiller, et en plus les étrennes, au Nouvel An, données par le papa, hein ?

— J'en ai plus de papa ! se mit-elle à crier en même temps que de grosses larmes roulaient sur ses joues. Et toi, qui sèches les cours sans problème et qui roules en moto, tu réponds pas à mes questions : bien sûr, je suis qu'une cloche, mais tu veux quand même emprunter mon vélo... »

Jamais elle ne s'était mise en colère comme ça. Chez elle, on ne disait pas les choses qui fâchent. Et voilà qu'aujourd'hui, un banal incident de la circulation la mettait en contact avec quelqu'un qui remuait les choses les plus douloureuses...

Le garçon était abasourdi, comme s'il avait cassé une porcelaine fragile... Il n'avait pas pensé la faire pleurer. Les gens qu'il côtoyait d'habitude se fichaient pas mal de ce qu'il pouvait leur dire. Et puis, cette fille s'était inquiétée pour lui – de cela non plus il n'avait pas l'habitude.

Il ne savait comment se rattraper. Comme le mécanicien, qui avait attendu la fin de leur dispute, réclamait le prix de la réparation, Yu Mei, furtivement, s'essuya la figure avec le revers de sa veste et paya. Le garçon n'avait pas bougé d'un pouce, persuadé que, maintenant, elle ne lui prêterait plus son vélo.

« Comment tu t'appelles ? lui demanda-t-elle en saisissant le guidon de sa bicyclette sans le regarder.

— Brin d'Herbe

— Je t'emmène jusqu'au collège, et là, tu prendras mon vélo. Mais attention, tu me le ramènes à cinq heures pile devant la porte. »

Ils partirent par des petites rues pour éviter les flics, car ça n'était plus permis, à Pékin, d'avoir quelqu'un sur son porte-bagages.

Yu Mei s'arrêta un peu avant le collège et laissa le vélo à Brin d'Herbe Elle ne savait pas trop pourquoi elle avait accepté, et, avec toutes ces émotions, elle avait oublié qu'il allait falloir justifier son retard. Comme pour elle-même, elle dit :

« J'ai jamais fait l'école buissonnière...

— Méfie-toi, c'est la route qui mène au crime ! »

Le voilà qui recommençait...

« Mais c'est pour rire, enfin ! »

Cette fille était décidément plus fragile que toutes celles qu'il avait jamais rencontrées jusque-là.

« Tu as eu un accident, puis voilà ! Rien qu'une roue de vélo tordue : on te dira que tu as eu de la chance. Allez, à ce soir et merci ! »

Ce fut une rude journée pour Yu Mei. Non seulement elle dut comparaître devant la proviseur-adjointe, qui est une peau de vache et qui a commencé par prendre un air sceptique, mais il lui fallut encore subir les foudres de la prof d'histoire, qui ne voulut rien savoir et l'invita à une interrogation écrite, en colle, le samedi suivant.

À la sortie, passé le flot des écoliers qui ne s'attardaient pas dans le froid à l'approche de la nuit, Yu Mei se retrouva la dernière sur le trottoir. La seule chose à laquelle elle n'avait pas pensé était que Brin d'Herbe pouvait ne pas revenir, qu'il pouvait ne pas lui rapporter son vélo. Ne pas le lui rendre du tout. Ça ne lui avait même pas traversé l'esprit. Subitement, tout était clair. Que dirait-elle à sa grand-mère ? Un vélo, c'était beaucoup d'argent ; et comment expliquer qu'elle avait fait une chose aussi idiote ? qu'elle s'était fait avoir d'une manière aussi prévisible ?

Elle fit les cent pas devant le portail de l'école, maintenant fermé, en réfléchissant à ce qu'elle allait faire. Le cri d'un marchand de galettes au sésame s'entendait du carrefour, par-dessus les bruits de la circulation, à cette heure où les gens commençaient à rentrer chez eux. Au milieu du fond sonore de klaxons des bus et du brouhaha de la rue, un coup de sonnette, dans son dos, la fit sursauter.

C'était Brin d'Herbe qui surgissait alors qu'elle ne l'attendait plus.

Sur le moment, la surprise la rendit muette, l'empêchant de lui reprocher son retard, et lui, essoufflé, la gratifia d'un vrai sourire, découvrant une belle rangée de dents carrées.

« Tu m'as attendu ?...

— Oh, un peu...

— C'est que j'ai fait tellement de choses depuis ce matin. Vraiment, tu as été sympa. Tu sais, je pensais pas que tu me le prêterais, ton vélo ! Je crois que tu es une fille spéciale...

— Mais maintenant, comment tu vas repartir ? »

En disant cela, elle regarda sa cheville : il avait échangé son pantalon du matin contre un autre, tout aussi grand, qui dissimulait sa blessure.

« Là, je vais pas loin. *Aux délices des mers du Sud*, là-bas... »

Yu Mei connaissait seulement de réputation ce restaurant de luxe, qui servait en toute saison, à prix d'or, des fruits de mer. Voyant sa mine ébahie, il rit.

« Non ! Tu n'y es pas ! J'ai jamais goûté aux limaces de mer[1] et autres régals, tu penses ! C'est une façon de parler parce que l'endroit où je bosse est juste à côté. »

C'est alors que surgit, pétaradant, la mobylette de l'accrochage du matin. Brin d'Herbe la vit arriver de loin, et son visage se crispa légèrement.

« Ah, ça, c'est pour moi ! » dit-il, résigné.

L'engin qui fonçait semblait ne pas les voir et s'arrêta à quelques centimètres d'eux dans un crissement de pneus. Tout se passa très vite. La fille casquée mit pied à terre et, prenant de son bras droit tout l'élan possible, elle assena une claque gigantesque à Brin d'Herbe, un coup à vous décrocher la

1. La limace de mer, ou holothurie, est un des mets préférés des Chinois, parmi ce qui est rare et cher.

mâchoire, une baffe comme on en voit au cinéma. Lui ne se défendit pas, ne broncha pas.

« Il faut que je te coure après, maintenant ! On avait dit : cinq heures ! »

Il appuyait la main sur sa mâchoire meurtrie. L'autre continuait :

« Il y a une livraison à faire d'urgence avant, et de toute façon, tu dois être "aux pieds" ! Tu le sais pas, peut-être ? Vissé à la mobylette, tu dois être, c'est clair ? Heureusement que Lao Guo fumait une cigarette dehors et qu'il t'a vu prendre l'avenue Di An Men. »

Cette fille hurlait comme les mégères sur le marché qui s'empoignaient pour dix grammes de plus ou de moins, songea Yu Mei.

Brin d'Herbe avait hâte d'en finir, il avait perdu la face devant sa nouvelle connaissance du matin. Il enfourcha la mobylette derrière cette furie et disparut.

Elle s'aperçut, en montant sur son vélo, que ses genoux tremblaient.

Une odeur de friture en même temps qu'une épaisse fumée envahissaient l'escalier de son immeuble, en provenance d'un appartement du deuxième étage dont la porte était ouverte. Plus haut, on entendait des pleurs d'enfant et une voix d'homme qui criait.

« Encore le grand-père Yue qui s'énerve contre son petit-fils », pensa-t-elle en montant. Les Yue étaient leurs voisins. La grand-mère était toujours en train de se plaindre du tracas que lui donnaient ses deux petits-fils, dont elle avait la garde. Le plus grand était, selon elle, toujours à l'affût d'un mauvais coup, mais il recevait bien plus de gifles qu'il ne faisait de bêtises. La porte des Yue s'ouvrit, et le grand-père sortit en trombe, passa devant elle sans la voir et dégringola l'escalier, une lampe de poche éclairée à la main pour ne pas risquer de trébucher dans le noir.

Chez elle, elle fut étonnée de ne trouver personne, malgré la porte entrebâillée. Au bruit qui venait de chez les Yue, elle comprit qu'il s'y passait quelque chose et frappa. Ce fut sa grand-mère qui lui ouvrit. Elle consolait l'aîné des petits-fils et s'apprêtait à sortir. On entendait geindre le bébé.

« Cette mère Yue me rendra folle, dit-elle en rentrant chez elle. J'ai réussi à convaincre son mari, au lieu de passer ses nerfs sur le grand, d'aller chercher un tricycle pour emmener le petit à l'hôpital. Il a tant de fièvre qu'il a des convulsions, et elle, elle brûle de l'encens devant Kuan Yin[1] et dit que, si le bébé tremble, c'est parce qu'il a peur de la maladie !... »

Décidément, c'était un jour pas ordinaire. S'il y avait des journées qui vous écrasaient de leur banalité, il y en avait d'autres qui ne vous laissaient pas le temps de souffler.

C'est ainsi que Yu Mei, dans l'agitation, n'eut pas l'occasion de raconter quoi que ce soit à sa grand-mère de ce qui lui était arrivé ce jour-là.

La semaine suivante, Yu Mei se trouvait dans la cour du collège, et c'était la fin du cours de gymnastique. La bande-son qui rythmait les exercices sur une musique militaire était terminée et le professeur criait, dans un porte-voix, les indications nécessaires au massage des yeux, que pourtant tout le monde connaissait par cœur. Suffisamment échauffés, les élèves n'avaient plus froid et savouraient la caresse détendante de leurs doigts sur leurs globes oculaires. C'était censé détendre l'esprit et conserver une bonne vue.

Parmi les quarante-neuf élèves de la classe, alignés sur cinq rangs, il y avait Mei Hua, la meilleure amie de Yu Mei, une fille plutôt petite et un peu timide,

1. Kuan Yin est la déesse bouddhique de la miséricorde.

qui avait passé avec succès les tests du Conservatoire de Pékin et avait été acceptée dans le cours des débutants de piano, le soir, deux fois par semaine. Cela lui faisait une vie compliquée, car le Conservatoire était très loin de l'école.

« Et ensuite, dans l'autre sens, en appuyant légèrement », disait le porte-voix, et tout à coup, plouf ! Mei Hua s'effondra.

À côté d'elle, deux filles, dont Yu Mei, s'étaient précipitées. Elle s'était bel et bien évanouie, mais le contact avec le sol glacé ne tarda pas à lui faire reprendre conscience, et elle ouvrit les yeux.

« Tu n'as pas déjeuné ce matin ? demanda le professeur qui s'était approché.

— Oui, c'est ça, murmura Mei Hua.

— Yu Mei, accompagne-la manger quelque chose, et toi, vois avec la surveillante si tu dois rentrer chez toi. »

Elles traversèrent la cour bras dessus, bras dessous, l'une soutenant l'autre.

« Tu avais vraiment le teint gris-vert quand on t'a aidée à te relever. C'est vrai que tu n'as pas déjeuné ?

— J'avais pas faim. Mais je crois que c'est mes règles qui arrivent tout d'un coup.

— Tu aurais dû le dire, tu serais allée en étude pendant le cours de gym.

— Mais tout à l'heure, ça allait, et puis j'ai pas envie de dire ça au prof !

— Quelle nouille ! Comment tu crois que font les autres ? »

Mei Hua eut la permission de rentrer chez elle, mais elle était si pâle que la surveillante demanda à Yu Mei de la raccompagner. Cela équivalait pour elle à quelques heures de vacances inespérées.

Elle rentra sans se presser de chez son amie. Pour une fois, elle avait le temps.

Une marchande de pain à la vapeur pédalait lentement sur son tricycle. Protégé par une vieille couette crasseuse, son chargement dégageait de la vapeur, et elle criait « *Mantou*[1] *! mantou !* » en guettant la porte ou la fenêtre qui s'ouvrirait et la voix qui passerait commande. Plus loin, un bar-karaoké inondait la rue des derniers airs à la mode. Pour le moment, c'était une chanson de ce Jeff Chang[2] dont les photos étaient partout. Devant l'entrée, un vieux canapé en skaï permettait de boire au soleil une bière chinoise, tout en regardant les joueurs qui s'affrontaient du matin au soir autour d'une table de billard posée à même le trottoir.

---

1. *Mantou* : boule de pain cuite à la vapeur.
2. Jeune Taiwanais de vingt-sept ans, un des chanteurs les plus adulés en Chine actuellement.

Yu Mei n'était jamais entrée dans ce genre de bar, et pourtant elle aurait adoré chanter avec un micro, tout en suivant, sur l'écran vidéo, l'accompagnement orchestral de son chanteur préféré. Elle rêvait du jour où Mei Hua aurait un piano à elle et jouerait pendant qu'elles chanteraient toutes les deux. Bien sûr, ce n'était pas du tout ce genre de musique qu'elle étudiait, et chez elle, c'était sur un clavier en carton, réplique exacte d'un clavier de piano, qu'elle s'entraînait, pour la vitesse et la position des doigts. Sans produire de sons, c'était une drôle de manière d'apprendre la musique. Mais « il faut pratiquer tous les jours », avait dit le professeur aux élèves en distribuant les claviers en carton ; et sans piano, comment faire ?

Près de chez elle, Yu Mei rencontra le marchand de patates douces dont la bonne odeur flottait alentour. Elle en acheta trois grosses qu'elle choisit elle-même sur la plaque brûlante pour faire une surprise à sa grand-mère qui les aimait autant qu'elle. En montant l'escalier, elle sentait leur chaleur à travers le papier journal.

Presque arrivée, elle s'étonna d'entendre des bruits de dispute venant de l'appartement de sa grand-mère. C'était d'autant plus curieux qu'elle reconnaissait la voix de sa mère. Or, quand elle venait en ville, c'était toujours pour voir sa fille, et à cette heure-là, elle était censée être à l'école...

« Je ne veux pas qu'elle sache ! Tu entends ? JAMAIS ! JAMAIS ! »

L'évidence s'imposa à Yu Mei : sa mère parlait d'elle. Elle se figea derrière la porte, contrainte d'entendre la suite :

« Calme-toi, voyons, tu ne peux pas l'empêcher, c'est inhumain ! »

C'était la voix de sa grand-mère.

« Et lui, ce qu'il m'a fait, c'est humain, peut-être ?

— Mais enfin, je t'en prie... Regarde ce que tu es devenue, depuis ce jour de malheur... »

Yu Mei aurait juré que sa grand-mère pleurait. C'en était trop. Elle redescendit l'escalier sans bruit, et se mit à courir dans la rue sans réfléchir à l'endroit où elle allait.

Elle avait surpris un secret, quelque chose de très lourd. Son cœur battait. Était-elle un bébé pour qu'on la tienne à l'écart d'une chose si grave ? Ou pire, une ennemie ? Elle ne savait plus rien. Essoufflée, elle ralentit un peu l'allure, mais continua dans la même direction.

« Il y a quelque chose que maman ne veut absolument pas que je sache. » Il n'y avait plus que cela dans sa tête, rien que cela. Elle était dans un brouillard complet, et si quelqu'un qu'elle connaissait était passé à ce moment-là à côté d'elle, elle ne l'aurait probablement pas vu. Elle avait complètement oublié le poids de son cartable, la chaleur des patates douces, les chansons du bar... Il ne restait que la voix furieuse de sa mère : « Je ne veux pas qu'elle sache. Jamais, jamais, jamais ! »

Elle avait quitté son quartier et se dirigeait vers le nord. Il n'y avait pas beaucoup de gens dans les rues en ce milieu d'après-midi, et elle poursuivait son chemin comme un automate.

« Je ne veux pas qu'elle sache ! Je ne veux pas qu'elle sache ! » Qu'y avait-il donc à savoir ? S'agissait-il de sa mère ? Au fond, elle savait si peu de chose sur elle, sur la vie qu'elle menait... Et elle, de son côté, en dehors de ses résultats scolaires, elle se rendait bien compte qu'elle ne l'intéressait pas beaucoup. Pendant les rares moments où elles étaient ensemble, elles ne parlaient que de choses pratiques et matérielles... Quant à son père, il avait été encore moins présent dans sa vie, puisqu'il était en camp de rééducation par le travail quand elle était petite, et qu'il y était mort. Sa mère ne lui en parlait jamais. Seule sa grand-mère lui avait dit qu'il avait été arrêté pour avoir participé à un mouvement politique interdit. Elle avait compris que c'était un sujet douloureux, et ne posait plus de questions sur lui. De quoi d'autre pouvait-il s'agir ? Elle n'arrivait pas à l'imaginer. Par contre, elle entrevoyait confusément que ce secret pouvait expliquer les silences parfois lourds de sa mère. Du coup, là, dans la rue, c'est elle qui se sentait lourde, comme si elle avait une pierre dans l'estomac. Il y avait une partie d'elle-même qui savait où elle allait, puisqu'elle suivait un chemin précis, et l'autre qui s'en moquait ou ne s'y intéressait pas. En fait, elle allait tout droit au restaurant *Aux délices des mers du Sud.*

La tour du Tambour se dressait déjà à l'horizon, et voilà que la première neige de l'année se mit à tomber, comme de toutes petites plumes, immédiatement absorbées par le sol desséché de Pékin. Une drôle de lumière un peu grise réussissait pourtant à se faufiler entre les nuages.

On approchait de l'heure de la sortie des écoles, mais pas encore de celle de la bousculade. Quand elle arriva devant le restaurant réputé, elle crut d'abord s'être mal souvenue, car l'établissement lui sembla occuper tout le pâté de maisons. De plus près, elle vit, en retrait, un bar minuscule, dont la petite vitrine était peinte de motifs décoratifs criards et maladroits. Juste devant, dans l'ombre de la grande enseigne : *Aux délices des mers du Sud*, la mobylette était garée, et Brin d'Herbe, qu'elle voyait de dos, y faisait la sieste, la tête dans les bras.

À sa vue, elle retomba les pieds sur terre et se

demanda ce qu'elle faisait là. Son refuge habituel, c'était Mei Hua, mais son amie voulait aller à son cours de piano, elle aurait donc eu peu de chance de la trouver cet après-midi. C'était sans doute pour cela que ses pas l'avaient conduite ici...

Le jeune garçon qui l'avait entendue s'approcher leva la tête, l'air ensommeillé. Il n'en croyait pas ses yeux !

« Ma parole, c'est toi ! Qu'est-ce que tu fais là ?

— Je... Je ne sais pas !

— Mais... d'où tu viens ? Ça va pas ? À voir ta tête, il y a quelque chose qui cloche !

— ... Je viens de chez moi... Je... Je peux rien te dire. »

D'habitude, Brin d'Herbe avait l'impression d'être le seul à ne pas pouvoir parler de lui.

« Regarde-toi ! Tu frissonnes ! Qu'est-ce qu'il y a ? Dis, va ! Dis ce qui t'étouffe !

— C'est parce que j'ai froid. »

La neige ne tombait plus, et les derniers rayons du soleil camouflaient les laideurs de ce quartier de bric et de broc, où tout avait poussé trop vite, avec des matériaux de mauvaise qualité.

« Je ne peux rien dire, puisque c'est quelque chose que je ne sais pas. »

Il se frotta les yeux comme s'il sortait à peine de son demi-sommeil.

« Je ne comprends rien à ton histoire. Tu as froid, mais je ne peux pas te faire rentrer, désolé ! Si je quittais mon poste, j'aurais droit à la raclée.

— Ton poste ? »

Alors il la regarda vraiment dans les yeux et lui offrit une révélation, avec le petit sourire de celui qui aurait préféré n'avoir pas à avouer :

« C'est ça mon travail.

— Quoi, ça ?

— Je suis l'antivol de ma patronne.

— L'antivol ?

— Mon boulot, c'est d'attendre, de rester assis sur la mobylette. »

Et, s'amusant de son air sidéré, il poursuivit d'un air narquois, comme se moquant de lui-même :

« Elle s'est fait voler la première qu'elle s'était achetée, alors, pour la seconde, elle a cherché un gardien. Elle m'emmène où qu'elle aille, et moi je dois garder "la bête". Elle me donne de l'argent, enfin, un peu... Et aussi à manger à midi... Voilà ! »

Devant une situation aussi incroyable, Yu Mei, tout d'un coup, se sentit moins oppressée. Ce garçon, de son âge, passait tout son temps, qu'il pleuve ou qu'il neige, assis sur une mobylette et se faisait gifler furieusement à la moindre incartade. Mais pourquoi ? Dans son esprit surgissaient des tas de questions qu'elle aurait aimé poser, mais l'étrangeté de la situation lui imposait le silence. Elle ne savait pas franchement ce qu'elle était venue chercher ici, dans son désarroi, et voilà qu'elle découvrait qu'un garçon de son âge menait une vie inconnue, étrange, qu'elle ne comprenait pas. Elle se souvint alors des patates douces qu'elle tenait à la main.

« Tiens ! dit-elle en lui en tendant une. Elles sont encore chaudes.

— Mais j'en veux pas ! Je mange à ma faim, tu sais.

— Bien sûr, c'est simplement si tu en as envie. Je les avais achetées pour les partager avec ma grand-mère, mais je ne veux pas rentrer maintenant et il faut les manger avant qu'elles refroidissent. »

Finalement, il se laissa tenter, et comme elles n'étaient plus brûlantes, ils purent enlever la peau soigneusement et tout fut englouti en quelques minutes. Cela leur fit du bien.

« Tu m'as toujours rien expliqué, toi ! Pourquoi ne rentres-tu pas chez toi ?

— Il vient de m'arriver quelque chose de terrible... Mais... j'ai comme une main qui me serre la gorge... Et puis, je n'ai pas vraiment de raison de te le raconter...

— Bien sûr ! Pas plus que j'en avais de te parler de mon boulot. J'aurais très bien pu te dire que j'attendais ma copine pour l'emmener faire une partie de billard.

— Et c'est sûr que je t'aurais cru, après la scène de l'autre jour devant l'école ! »

Malgré tout, il avait gagné : elle souriait pour la première fois.

Puis, baissant les yeux et, d'une seule traite, à voix presque basse, elle lui expliqua :

« J'ai surpris une conversation chez moi. Ma mère et ma grand-mère ne savaient pas que j'écoutais. Elles me cachent quelque chose, quelque chose que ma mère ne veut jamais que j'apprenne. »

L'émotion faisait trembler sa voix et, du bout de sa chaussure, elle poussait avec application une capsule de bière, tantôt à droite, tantôt à gauche. Lui ne disait rien, n'ayant aucune expérience des choses de ce genre. Il lui fallait beaucoup d'imagination pour essayer, ne serait-ce qu'un tout petit peu, de se mettre à la place de Yu Mei.

« Mais c'est quoi, les mots que tu as vraiment entendus ?

— Ma grand-mère disait que c'était inhumain, et ma mère disait qu'elle ne voulait pas que je sache. Ah oui, et puis ma grand-mère disait à ma mère : “Regarde ce que tu es devenue depuis ce jour de malheur”... Et moi, tu comprends, je sais pas ce que c'est que ce jour de malheur !

— Il est mort, ton père, hein, tu l'as dit le matin du carambolage de vélo...

— Oui, mais je me souviens pas d'un jour de malheur, c'est un peu comme s'il était mort petit à petit ou qu'il avait toujours été mort...

— Ça veut rien dire ce que tu racontes !

— Sans doute, c'est que j'étais trop petite. On m'a dit que mon père ne reviendrait plus parce qu'il était mort, mais pour moi, ça ne faisait pas de différence. Je n'avais aucun souvenir de lui. Le problème, c'est pas ça. C'est quelque chose avec ma mère.

— Tu ne vas pas te rendre malade pour ça ! Ce jour de malheur, il ne te concerne pas, après tout. Tu dis même que tu n'en as pas de souvenir...

— Tu ne comprends pas... »

C'est peut-être justement parce qu'il ne pouvait pas comprendre qu'elle lui avait « déballé » son histoire, parce que, inconsciemment, elle se disait que sa confidence n'aurait aucune conséquence. Mais pour Brin d'Herbe, elle était un cas très intéressant. Il aurait aimé lui dire : « De quoi as-tu peur, toi qui as tout ? », mais elle se serait fâchée, c'est sûr, comme le jour de leur première rencontre.

« Admettons, je ne comprends rien... De toute façon, ne te mets pas la rate au court-bouillon...

— J'ai senti que ce secret, c'était quelque chose

de vraiment grave. Je peux pas te l'expliquer... Le ton sur lequel se parlaient ma mère et ma grand-mère, j'avais jamais entendu ça ! Ce qui veut dire qu'elles se retiennent devant moi, qu'elles n'ont pas confiance.

— Eh ben, tu rentres, tu cries, tu dis que tu as tout entendu, et que tu veux savoir !

— Je ne pourrai pas... On ne fait pas ça !

— Et elles, alors, elles se gênent pour faire leurs cachotteries ?

— En plus, je suis sûre que, si c'est un tel drame, elles ne me répondront pas la vérité... Elles m'inventeront quelque chose !

— Antivol ! antivol ! Arrive ici ! » cria une voix de l'intérieur du bar.

La porte s'ouvrit et trois individus en costume avec des mallettes genre hommes d'affaires sortirent en parlant très fort, deux d'entre eux poussant le troisième qui répétait :

« Antivol ! antivol !

— Monsieur Li, vous allez bien ? demanda Brin d'Herbe avec une politesse dont Yu Mei ne l'aurait pas cru capable.

— Il va très bien, il a juste besoin d'un peu de repos », s'interposa un des deux hommes qui le soutenaient.

L'autre ajouta :

« Brin d'Herbe n'ira pas. Vous savez bien qu'il est très occupé.

— Mais si... Pourquoi on n'envoie pas le petit ? insista celui qui avait visiblement trop bu.

— Le petit ne pourrait pas tout prendre, de toute façon. Allons, monsieur Li, on va chercher un taxi. »

De l'intérieur du bar venait l'air d'une chanson de Hong Kong, à la mode à Pékin, sur lequel une femme, en robe mauve à volants, chantait d'une voix forcée, amplifiée par un micro, et le résultat écorchait les oreilles. Le soleil s'était couché, et la circulation, dans la rue, était devenue très dense.

« Allez, tu dois rentrer, maintenant. D'ailleurs, moi aussi, je vais m'en aller. Je te laisse, il faut que je mette la mobylette à l'abri pour la nuit. »

Yu Mei reprit le chemin du retour dans les rues grouillantes. Elle avait l'impression, ce soir, de marcher au milieu d'une foule de gens solitaires et tristes, pressés de rentrer s'isoler les uns des autres. Chez elle, elle ne dit rien et prétexta un mal de tête pour aller au lit.

Le lendemain, elle s'éveilla avec le même poids sur l'estomac. C'était une espèce de malaise difficile à définir, comme si quelque chose l'empêchait de respirer à fond. Sa grand-mère la trouva de très méchante humeur, sans comprendre pourquoi, et mit cela sur le compte de l'adolescence. Les jeunes, maintenant, étaient vraiment compliqués. Chez elle qui était l'aînée d'une famille de paysans, quand elle était petite, il y avait tellement à faire du lever au coucher du soleil qu'elle ne se souvenait pas d'avoir eu ce genre d'états d'âme. D'ailleurs – et cela en disait long – chaque fois qu'elle se remémorait sa jeunesse, c'était la sensation de son estomac affamé qui revenait. En dehors de la faim, elle avait peu de souvenirs.

Deux jours plus tard, c'était un samedi. L'après-midi, alors que Yu Mei rentrait de sa colle, sa grand-mère lui dit :

« J'ai téléphoné à ta mère à son travail. Elle voulait que je lui explique pourquoi tu ne veux pas retourner la voir cette fin de semaine, comme d'habitude. Je lui ai dit que je n'en savais rien. C'est la pure vérité ! Ce n'est pas parce que ta mère a très peu le temps de s'occuper de toi qu'elle n'est pas heureuse de te voir tout de même quelques heures par semaine. »

Yu Mei ne répondait rien.

« Pourquoi tu regardes ailleurs quand je te parle ? Qu'est-ce qui se passe depuis quelques jours ? Il y a quelque chose qui ne va pas ? »

Pas de réponse.

« Ta mère t'a apporté des vêtements qui ne sont pas à ton goût, je l'ai bien vu ; mais c'est pas ça, tout de même, qui te met dans cet état ? »

Silence.

« Il y a quelque chose que tu n'oses pas avouer ? » demanda la vieille dame d'une petite voix.

« Ça, c'est trop fort, songea Yu Mei. Comme si c'était moi qui cachais quelque chose ! »

Mais aucun mot ne sortait de sa bouche. Comment l'affronter ? Comment sa grand-mère, habituellement si chaleureuse et si proche d'elle, se retrouvait-elle maintenant si loin, si inaccessible ? C'était plus qu'un fossé, c'était un gouffre qui s'était creusé entre elles, tout d'un coup. Elle avait l'impression que, si elle disait quoi que ce soit, le contact serait définitivement rompu. Heureusement, la vieille dame n'insista pas.

« J'ai deux courses à faire, et je passerai chez les Yue pour prendre des nouvelles du petit-fils. On ira un peu plus tard aux douches publiques, puisque tu ne vas pas chez ta mère, ce soir. »

Puis, s'approchant de sa petite-fille, elle ajouta en gratifiant son dos d'une caresse affectueuse :

« Il n'y a presque plus de savon, je vais acheter une savonnette au santal – c'est celles que tu préfères. »

Quand elle sortit, Yu Mei n'avait toujours pas dit un mot.

Elle se leva et alla près de la fenêtre. Elle la regarda sortir de l'immeuble et attendit qu'elle ait traversé la rue commerçante. Elle se dirigea alors vers la chambre à coucher, entra et ouvrit le tiroir du bas de l'armoire qui contenait toutes les affaires de la famille. Elle trouva les documents précieux : carte d'identité, papiers délivrés par l'unité de travail dont dépendait sa grand-mère, quelques certificats, photos d'elle petite. La vieille dame lui avait, un jour ou l'autre, montré tout ça, mais elle n'était pas autorisée à aller y farfouiller d'elle-même. Il s'agissait de documents de première importance dont la perte aurait pu avoir des conséquences catastrophiques. Elle s'attendait d'ailleurs à un bric-à-brac et fut étonnée de trouver tout en ordre, dans des pochettes ou des vieux portefeuilles. Alors qu'elle pensait qu'il ne restait plus, au fond du tiroir, que la couche de papier journal qui le recouvrait, ses doigts rencontrèrent encore quelque chose. C'était une enveloppe de papier marron très mince, sans aucune inscription et qui n'était pas scellée. Elle s'imaginait y trouver la clé du mystère, aussi fut-elle très déçue de n'en extraire qu'un document imprimé sur papier de mauvaise qualité. C'était une carte de géographie. Elle la déplia et lut quelques noms. Elle n'en connaissait aucun. Où se situaient ces agglomérations ? D'où venaient et où allaient ces routes ? Elle découvrit sur le côté de la carte, presque effacé par l'usure, un nom de district, puis ces mots : *Province du Xin Jiang*. Il s'agissait d'une carte d'un coin du Turkestan chinois, extrême ouest de la Chine. Elle se mit à scruter le document centimètre carré par centimètre carré, et tomba sur un nom qui lui disait quelque chose : la ville de *Turfan*, célèbre pour ses monuments et ses vestiges bouddhistes. Pour une fois, le cours de géographie lui servait à quelque chose ! Dans la marge supérieure, son œil fut attiré par une flèche dessinée au crayon, indiquant une direction hors de la carte, au-dessus de laquelle quelqu'un avait écrit les mots : *Lac Ai Ding*.

Elle ne se sentait pas plus avancée. Que venait faire une carte du Turkestan dans un tiroir de sa grand-mère qui n'avait quitté son village natal, à deux heures d'ici, que pour venir habiter Pékin qu'elle ne quittait jamais ?

Elle remit tout en place, prit dans son porte-monnaie de quoi prendre le bus et téléphoner au coin de la rue, et elle sortit.

Malgré l'apparition des premières cabines modernes sur les grandes avenues, le téléphone public restait encore souvent géré par des particuliers habitant au rez-de-chaussée des immeubles ou des petites maisons de Pékin. Le poste téléphonique était tout simplement posé sur l'appui de la fenêtre et, pour l'utiliser, il suffisait de mettre la pièce que coûtait la communication urbaine dans une boîte en fer que le ou la préposé(e) vous mettait sous le nez, en ouvrant la fenêtre, pendant que vous composiez le numéro.

« Allô, Mei Hua ? Il faut absolument que je te parle, c'est très important...

— J'ai du temps cet après-midi, ma répétition n'est qu'à six heures. Viens tout de suite ! »

On prenait l'habitude d'aller à l'essentiel quand tous les badauds du quartier vous écoutaient et que la préposée n'avait, elle non plus, rien d'autre à faire de toute la journée !

Chez Mei Hua, il y avait un poste de téléphone par étage : ce qui faisait qu'on pouvait l'appeler presque aussi facilement que si l'appareil était chez elle. Le samedi après-midi, maintenant que la Chine découvrait les week-ends, on se pressait dans les magasins et les bus étaient pris d'assaut. Alors que Yu Mei réussissait à monter dans l'un d'eux, une dispute éclata entre un homme corpulent et un autre encombré de paquets :

« Vous, oui ! C'est vous qui donnez des coups dans mon Thermos avec votre gros derrière !

— Gros cul toi-même ; non mais, écoutez-le, ce

plouc ! Oh, et puis c'est pas les porcelaines de l'empereur que tu as dans ton cabas, tout de même !

— C'est fragile, figure-toi, ce que je porte, et tu n'arrêtes pas de buter dedans.

— Retourne dans ta campagne ! Y'aura moins de monde, et on n'écrasera pas ta ciboulette !

Prenant à témoin les gens autour de lui, celui qui venait sans doute des environs de Pékin ajouta :

« C'est bien vrai ce qu'on dit, que les Pékinois savent même plus être polis ! »

Mais les passagers, que l'altercation avait tirés de leur apathie, rigolaient en douce. Personne n'aurait pris la défense du campagnard. Quant à Yu Mei, cela lui permit d'oublier quelques instants qu'elle était coincée entre la porte du bus et un manche de parapluie qui lui entrait dans les côtes, et qu'un gros sac lui écrasait un pied.

Ce fut le père de Mei Hua qui lui ouvrit la porte.

« Tiens ! La petite Prune de Jade ! » s'exclama-t-il.

Il exaspérait Yu Mei avec ses jeux de mots stupides, qu'il répétait chaque fois, immanquablement. Yu Mei signifiant « Prune de Jade » et Mei Hua « Fleur de Prunier », il les appelait « les deux petites Prunes », et commençait d'interminables variations sur ce thème chaque fois qu'il les voyait ensemble.

Ce jour-là, il regardait la télévision en croquant des graines de tournesol dont les cosses jonchaient le linoléum autour du canapé. Heureusement, son amie fit irruption dans le salon et l'entraîna dans sa chambre. Mise au courant de la conversation entendue par surprise et de l'étrange découverte dans le tiroir, elle ponctuait sa réflexion de « Ah, ma pauvre ! ah, ma pauvre ! » tout en pétrissant le bras de son amie de ses petites mains potelées.

« Sais-tu quelque chose de ce lac Ai Ding ?

— Comment veux-tu que je te réponde ? La province du Xin Jiang, c'est déjà le bout du monde !

— À qui on pourrait demander ça ?

— Mais tu crois que c'est une piste, ces deux mots au crayon ?

— Enfin, écoute, pourquoi cette carte serait-elle conservée, dans l'endroit le plus caché, avec les papiers importants, si c'est une banale vieillerie sur laquelle on pourrait éplucher les légumes ? Et si quelqu'un a de bonnes raisons de conserver ce document, l'inscription rajoutée doit être précieuse aussi, non ?

— Tu as peut-être raison. Je sais ce qu'on va faire : on va aller à la grande librairie de la rue Liu Li Chang, qui a un rayon spécialisé dans l'histoire et la géographie.

— Et là-bas, on fera quoi ? J'y suis allée une fois.

Il y a tant de livres dans tant de salles différentes qu'on n'a même plus envie de regarder quoi que ce soit...

— Mais si, tu verras, on demandera. Tu as une meilleure idée ? Non, alors on peut toujours essayer. »

Elles partirent à vélo, après que Yu Mei eut emprunté celui du père de son amie.

Elles firent un détour pour éviter la rue Qian Men, complètement embouteillée, et arrivèrent par l'est dans cette rue de librairies et d'antiquaires.

Dans la grande librairie, les gens se bousculaient près de l'entrée où se trouvaient les nouveautés, mais une fois franchi ce rayon, il y avait moins de monde. Elles réussirent à capter l'attention d'un vendeur qui leur indiqua le coin des atlas et des livres de géographie physique et humaine.

« C'est notre prof qui serait heureuse de nous voir ici, elle qui se plaint qu'on n'achète pas de livres, qu'on n'est pas curieuses...

— Oui, elle a dû nous dire à peu près mille fois depuis le début de l'année de prendre le temps de venir dans cette librairie ! »

Elles trouvèrent la province du Xin Jiang dans un atlas, mais c'était une carte de la province entière et qui comportait tant d'indications, d'ailleurs microscopiques, qu'elles étaient complètement perdues. Elles n'avaient pas remarqué deux jeunes gens, probablement des étudiants, qui les observaient d'un air amusé. Les ayant entendues, l'un d'eux leur demanda si elles avaient un devoir à faire sur la région. Yu Mei rougit et dit que, non, ce n'était pas pour un devoir.

Sans chercher à en savoir plus, ils leur donnèrent aimablement quelques renseignements :

« Le lac Ai Ding est ce qui reste d'une ancienne mer intérieure, presque entièrement évaporée et maintenant située en plein désert. C'est un endroit extrêmement intéressant...

— Bien en dessous du niveau de la mer...

— On y meurt de froid en hiver et de chaleur en été...

— Et ce qui reste de ce lac, c'est une croûte de sel sur une mince couche d'eau saumâtre où rien ne vit. »

Les deux amies les écoutaient, admiratives de la connaissance qu'ils avaient d'un coin aussi perdu.

Et puis, l'un d'eux ajouta :

« Petit détail moins pittoresque, c'est là que se trouve un très grand camp de rééducation par le travail. Les prisonniers y exploitent le sel. »

Comme si de rien n'était, les deux filles remercièrent et s'en allèrent. La gardienne du parking à vélos leur reprocha d'avoir garé leur bicyclette avec une roue hors de la surface de stationnement, délimitée par l'habituelle ficelle rouge, et elles durent s'excuser.

Les deux amies ne s'étaient pas parlé depuis qu'elles étaient sorties de la librairie. Au premier feu rouge, Yu Mei, très troublée par ce qu'avaient dit les étudiants à propos du lac lointain, s'aperçut que Mei Hua avait l'air fâchée et évitait son regard. Yu Mei se sentait triste... Son père avait-il été dans ce camp de rééducation par le travail ? Était-ce là qu'il était mort ? N'y tenant plus, dès qu'elles furent sorties de la cohue et entrées dans une ruelle plus tranquille, elle interpella son amie :

« Mei Hua, qu'est-ce que tu as ? »

Celle-ci fit volte-face et, de l'air le plus sévère que pouvait prendre son doux visage, elle s'écria :

« Ça sert à quoi de se plonger dans le malheur ? »

Yu Mei la regardait, bouleversée.

« Marchons, on sera plus à l'aise pour parler. »

Les deux amies avançaient maintenant, côte à côte, leur vélo à la main. Un vent aigre faisait voler des petites feuilles mortes.

« Oui, reprit Mei Hua, ça va te mener où, de remuer tant de chagrin ? Tu sauras quelques détails supplémentaires, et alors ? Ça ne ramènera pas ton père à la vie. J'aurais dû réaliser ça plus tôt. C'est idiot d'être allées se renseigner sur cet endroit !

— Enfin pourquoi ? Qu'est-ce qui te fait changer d'avis d'un coup ? Mets-toi à ma place ! Tu n'aurais pas envie de savoir, si tu sentais qu'on te cache quelque chose ?

— Peut-être, mais ce qu'on te cache n'a sans doute rien à voir avec cet endroit, et par contre, là-bas, ce que tu découvriras sera sûrement terrible. Il ne faut pas ! Laisse tomber... »

Une porte de bois rouge s'ouvrit, le contenu d'une cuvette fut projeté brutalement en travers de la ruelle, et une main ferme claqua la porte. Le tout avait duré quelques secondes, et maintenant, devant leurs pieds, de l'eau coulait sur la terre battue, mêlée à des petits morceaux d'épluchures de légumes. Mei Hua avait même écopé, sur la pointe de sa chaussure, d'une petite pelure d'oignon.

« Tout de même, ils pourraient regarder si quelqu'un vient avant de balancer leurs eaux sales ! »

Mais Yu Mei se fichait bien des éclaboussures... Bien que têtue, elle ne rétorqua rien aux conseils de prudence de son amie qui poursuivait :

« Essaie plutôt de parler à ta grand-mère. »

Décidément, il n'y avait personne pour la comprendre, personne qui sentait les choses comme elle.

La nuit tombait. Il fallait se presser de rentrer pour le cours de piano de Mei Hua. Cette dernière observait son amie du coin de l'œil, intriguée par son silence.

« Quoi, tu pleures ?

— ...

— Je voulais pas te blesser. Tu crois pas qu'il y a assez de difficultés, de choses tristes dans la vie ?... Pas besoin d'aller au-devant d'elles ! Je veux pas que tu sois malheureuse. Je pensais pas à autre chose, tu sais... »

Mais Yu Mei, qui ne se sentait pas du tout réconfortée, n'arrivait pas à retenir ses larmes.

Quand elle rentra chez elle, elle avait encore les yeux rouges, et sa grand-mère, qui s'était déjà rendu compte que quelque chose n'allait pas, ne lui fit pas de reproches pour être sortie si longtemps sans avoir prévenu. Elle ne lui demanda même pas où elle était allée, mais ne put s'empêcher de soupirer en la regardant : le problème de sa petite-fille avait l'air de s'aggraver.

« Je ne peux lui parler de rien, songeait Yu Mei. Si je lui demande quoi que ce soit sur le lac Ai Ding, elle saura que j'ai fouillé dans ses affaires. » Tout d'un coup, tout l'énervait. Même sa grand-mère, pour qui elle avait tellement d'affection, l'horripilait.

Ça tombait très bien qu'elle soit allée sans elle aux douches publiques du quartier. Après tout, elle, elle pouvait aussi se laver à la cuisine, dans la grande cuvette où on faisait tremper le linge. Ça prenait un peu plus de temps, mais, par morceaux, elle arrivait à s'y baigner en entier, y compris les cheveux.

« Et demain c'est dimanche, songeait-elle. En dehors des devoirs, que faire ? Même Mei Hua ne me comprend pas... » Sa grand-mère avait préparé une soupe de boulettes de riz glutineux farcies au sésame, dessert dont elle raffolait. Mais ce soir, ça ne lui disait rien du tout. En fait, rien ne lui faisait envie. L'esprit vide, elle écoutait une dispute à l'étage au-dessus et les gargouillis dans les canalisations de l'immeuble, avec une tristesse qui semblait devoir durer toujours.

Le lendemain, après un déjeuner rapide, la vieille dame projetait d'aller faire les magasins avec sa petite-fille pour lui changer les idées. Mais Yu Mei, qui avait mal dormi, ne l'entendait pas de cette oreille. Incapable d'ouvrir son cœur à sa grand-mère, elle aurait voulu qu'elle devine la cause de son trouble. Et comme c'était impossible, elle devenait agressive. Depuis le matin, quelque chose la tracassait... C'était une idée qui lui était venue tout à coup, en relisant un poème sur la fête des Morts, qu'elle étudiait en classe. Alors, elle se jeta à l'eau :

« Grand-mère, pourquoi, à la fête des Morts, on ne va jamais balayer la tombe de papa[1] ? »

La vieille dame en resta absolument pétrifiée. Elle ne parvenait pas à dissimuler sa stupeur. Yu Mei ne l'avait jamais vue ainsi. Ses mains se mirent à trembler, et, bien qu'elle les cachât très vite sous la table, ça n'avait pas échappé à sa petite-fille qui ne comprenait pas ce qui avait pu provoquer un tel choc...

« C'est que... son corps ne nous a jamais été rendu ! »

Elle avait parlé d'une traite, les yeux baissés et à voix basse. Elle se leva, dissimula son trouble en rangeant deux ou trois choses qui traînaient, et revint décidée malgré tout à ne pas en rester là :

« Écoute bien ! Tu es jeune, mais il faut que tu comprennes ça : il y a des choses contre lesquelles ça ne sert à rien de se révolter. »

Yu Mei regardait sa grand-mère comme s'il y avait maintenant entre elles une barrière infranchissable. Elle avait posé une question à laquelle elle attendait une réponse précise, et voilà que la réponse la plon-

1. La fête des Morts est, pour les Chinois, l'équivalent de la Toussaint pour nous. C'est une fête très populaire où les gens vont nettoyer la tombe de leurs proches défunts, y font un pique-nique et offrent de la nourriture et de l'alcool à l'esprit des morts.

geait encore un peu plus dans cet abîme de perplexité et d'inquiétude où elle était depuis quelques jours. Puisque même sa grand-mère ne voulait pas parler, alors elle était vraiment seule. Seule contre sa mère et elle, qui ne lui faisaient pas confiance.

« Ça, c'est trop fort, songeait-elle... "se révolter" ? Quelle révolte ? N'importe quoi ! Je n'ai pas demandé à entendre la conversation que j'ai surprise par hasard. Ce n'est pas moi qui dissimule quelque chose ! » Cette fois, Yu Mei était ulcérée. Non, elle n'irait pas se promener avec sa grand-mère. Non, elle ne regarderait pas l'épisode du jour du feuilleton télévisé. Non, elle n'irait pas voir sa meilleure amie, qui ne comprenait rien. Tiens, elle ne commencerait même pas sa composition de chinois pour laquelle elle pensait s'avancer !... Elle voulait se promener seule. Elle irait du côté des *Délices des mers du Sud*. Brin d'Herbe travaillait-il le dimanche ? Sans doute pas. Elle irait alors jusqu'au petit lac de Shi Sha Hai. Peut-être une idée lui viendrait-elle en route... une idée de ce qu'il fallait faire ? Comment oublier tout ça ? Comment vivre avec ?

En sortant son vélo, elle tomba sur un groupe de voisins en grande discussion avec la responsable du Comité de quartier qui enquêtait pour savoir qui avait mis le feu à la poubelle publique, au coin de la rue. Le gendre de Mme Yue, dont tout le monde savait qu'il vivait du commerce de CD-Rom piratés, passa en se faisant tout petit, le long des boîtes aux lettres.

« Tiens, tu n'es pas chez ta mère, aujourd'hui ? lui demanda une des commères en la dévisageant.

— Eh non ! » répondit-elle agacée, sans les regarder.

Le ciel était très bleu et, même s'il commençait à geler la nuit, au soleil il faisait bon. Yu Mei pédalait vivement, préférant les petites ruelles aux grandes avenues qui avaient pourtant presque toutes une voie réservée aux cyclistes. Les feuilles des saules, bien que sèches et décolorées, tenaient toujours aux branches, et la brise qui les agitait faisait un bruit de papier froissé. De temps en temps, on entendait les longs sifflements à plusieurs notes de ces pigeons qui portaient à la queue un petit sifflet rond, très léger. C'était étrange qu'à l'époque d'Internet il y ait encore des gens pour s'intéresser aux orchestres de pigeons, pour le simple plaisir de l'oreille !

Beaucoup de grosses voitures étaient garées devant les *Délices des mers du Sud*, et, sur le côté, Brin d'Herbe s'affairait autour d'un vélo posé la tête en bas.

« Alors, aujourd'hui, c'est plus une moto ? »

demanda bêtement Yu Mei en guise d'entrée en matière.

Il leva juste les yeux de sa chambre à air.

« Tu te promènes ?

— Ça ne s'arrange pas chez moi... Il fallait que je prenne l'air.

— Pas de sortie pour la mobylette aujourd'hui, comme tu vois. Ils n'ont pas dû se coucher cette nuit, alors maintenant, ils sont tous en train de roupiller. En général, je viens pas le dimanche, mais cette fois, j'avais besoin des outils pour démonter mon pneu. J'ai presque fini ; si tu veux, on part ensemble. »

Ils achetèrent une glace et s'assirent sur le muret de briques qui délimitait un parc de stationnement pour vélos.

« Ils ne seraient sûrement pas contents, chez toi, s'ils savaient que tu fréquentes quelqu'un comme moi...

— D'abord, il n'y a que ma mère et ma grand-mère, et elles ne le sauront pas, et puis je comprends pas pourquoi...

— Tu sais rien de moi...

— Pareil pour toi, non ?

— Bien sûr que non, c'est pas pareil du tout.

Moi, je peux imaginer où tu vis, mais toi, tu peux pas.

— Comment ça ?

— Tout simplement, tu peux pas !

— T'habites dans une vieille maison déglinguée, c'est ça ?

— Tu n'y es pas du tout. Tu peux pas, je te dis...

— Quoi, tu n'as pas le droit d'amener qui que ce soit à la maison ? T'es d'une famille de truands ?

— Une famille ? Tu rêves !

— Alors quoi, dis-moi !

— C'est pas possible, je te dis.

— Je croyais qu'on était un peu copains...

— Copains ou pas, on vit dans deux mondes différents.

— Qu'est-ce que ça a de si différent, l'endroit où tu habites ?

— Quoi de si différent ? Moi, tout simplement, j'habite nulle part ! »

Yu Mei ne comprenait rien.

« Tu as un toit pour dormir, non ?

— Oui, on peut dire ça. Il faudrait que tu voies... »

Ça lui avait échappé. Il s'était pourtant promis de ne jamais rien lui révéler.

« De toute façon, c'est beaucoup trop loin. »

Et puis, essayant de noyer le poisson :

« Par exemple, tu vois, chez moi, les arbres ne perdent jamais leurs feuilles !

— Qu'est-ce que tu racontes ?

— Crois-moi, il y'en a pas partout, des coins comme ça ! »

Il riait, avec un air bizarre qui semblait dissimuler quelque chose plutôt que se moquer d'elle.

« Là où j'habite, on n'est pas embêté par un Comité de quartier, ni par les bruits de la circulation. Et si on a besoin de quelque chose pour rafistoler ou colmater un trou, on n'a qu'à tendre la main. »

Alors qu'il voulait faire diversion, il avait au contraire piqué la curiosité de Yu Mei.

« Tu n'as qu'à m'emmener, j'ai tout l'après-midi. »

Elle avait sûrement parlé sans réfléchir. Brin d'Herbe pensa qu'elle n'oserait pas...

« Oh non, tu serais crevée à cause de la distance, et puis ça pue, là-bas, c'est pas le même air qu'ici !

Mais Yu Mei en avait assez des choses dites à demi-mot, des sous-entendus... Elle ne comprenait rien, elle allait y aller, et puis c'est tout, et elle le verrait, ce coin où l'on n'entendait pas les bruits des voitures, où les arbres ne perdaient pas leurs feuilles. Elle le respirerait, cet air différent, même s'il sentait mauvais. Brin d'Herbe prit cela sur le ton de la plaisanterie, persuadé qu'elle abandonnerait en route, et ils partirent en direction de l'est de Pékin.

« Où est-ce qu'on va ?

— On va vers les collines de l'est !

— Je connais les collines de l'ouest, les "collines parfumées", mais je ne connais pas celles de l'est...

— Bien sûr que tu les connais pas. »

« Voilà au moins un mystère qui va s'éclaircir tout de suite », songeait Yu Mei en pédalant avec rage, la rage de ne plus vouloir être une gamine à qui on raconte des sornettes, sous prétexte qu'elle ne connaît rien. Ce qui l'intriguait tout de même, c'était que Brin d'Herbe était un gamin lui aussi.

Les grandes artères se succédaient avec leurs alignements de buildings aux parois de verre couleur métal gris ou bleu, leurs centres commerciaux avec banderoles publicitaires multicolores. Certains, encore en chantier, répandaient aux alentours une poussière de ciment qui recouvrait tout. Et la foule du dimanche rêvait devant toutes ces vitrines.

Yu Mei ne se fatiguait toujours pas de pédaler, même s'ils avaient un peu ralenti le rythme. Après avoir traversé l'esplanade du terminus de tous les bus de l'est de la capitale, ils quittèrent la ville pour entrer dans une zone bizarre, dont on sentait que c'était encore la campagne peu de temps avant. Des ateliers y côtoyaient de petits immeubles récents, plus ou moins bricolés. On y voyait des boutiques, des entrepôts de fortune, des groupes de paysans vendant leurs produits sur des étalages improvisés. Et puis, d'une route en mauvais état, ils passèrent à un chemin de terre longeant un canal où flottaient des morceaux blancs que Yu Mei, de loin, n'arrivait pas à identifier. De plus près, elle vit qu'il s'agissait de polystyrène. Des centaines et des centaines de débris de ces barquettes dans lesquelles on achetait de la nourriture dans la rue. Brin d'Herbe qui la précédait se retourna et lui cria d'un air goguenard :

« Tu vois, le paysage change ! »

L'eau du canal, entre les déchets, charriait une mousse jaunâtre, et, sur le chemin, il fallait slalomer entre des morceaux de ferraille tombés d'une charrette à bras. Celui qui la tirait, s'étant aperçu qu'il semait sa cargaison, revenait sur ses pas en poussant des cris, comme s'il s'agissait de trésors qu'on allait lui voler. Yu Mei ne se doutait pas qu'il y eût, à Pékin, un quartier comme celui-ci. Ils longèrent un mur de briques rouges qui, s'arrêtant brusquement à un angle, laissa voir une rangée d'arbres étranges. Leurs branches, jusqu'au sommet, étaient emmêlées de quantité de vieux sacs en plastique. Les vents violents les avaient si fermement accrochés qu'ils pendouillaient lamentablement, du sommet des arbres aux branches les plus basses, sans que rien ne semblât devoir les enlever jamais de là.

« Tu vois, je t'avais dit que, vers chez moi, les arbres ne perdaient jamais leurs feuilles ! »

Il était content de sa bonne blague. Au loin, la masse d'une colline se dessinait, auréolée de fumées. C'est vrai que ça ne sentait pas bon ! Puis, en avançant, ils aperçurent des silhouettes se déplaçant sur cette colline bariolée et nauséabonde. Bientôt, il n'y eut plus de doute possible : c'était une montagne d'ordures.

« Les voilà, les collines de l'est ! Tout ce que vous jetez, vous, les Pékinois, atterrit ici. »

Ils s'étaient arrêtés au pied de l'énorme décharge, et Yu Mei n'arrivait pas à détacher son regard d'un groupe de gens vêtus de bouts de chiffons qui fouillaient cette masse avec un crochet de fer et en tiraient des débris qu'ils mettaient dans un grand sac.

Deux d'entre eux étaient des enfants sûrement bien plus jeunes qu'elle.

« Tu as vu, dit-elle, il y a des gamins !

— J'étais encore plus petit quand j'ai débarqué ici », répondit-il avant de lui tourner le dos, d'un air de dire qu'il était inutile de chercher à en savoir plus.

Brusquement plongée dans un univers dont elle

n'avait pas la moindre idée, Yu Mei en oubliait que c'était dimanche, qu'elle avait le cœur gros depuis plusieurs jours, et que, une heure ou deux auparavant, elle avait tenu tête à sa grand-mère. Elle s'était obstinée à suivre Brin d'Herbe, ne sachant même pas de quoi elle était curieuse, et maintenant, elle était plantée là...

« La visite continue ! » dit le jeune garçon en se remettant en route.

L'air était moins chargé de fumées, mais le chemin se creusait de flaques noires difficiles à éviter. Ils débouchèrent au bord d'une pièce d'eau.

« Il paraît qu'autrefois, il y avait plein de poissons ici. »

Ça faisait sourire quand on voyait cette surface glauque aux reflets métalliques, parsemée de déchets de toutes sortes. Appuyé aux berges de la mare se trouvait une sorte de petit hangar de bric et de broc, bardé de fils barbelés, où s'amoncelaient des montagnes de morceaux de cartons de récupération. Plus loin, c'étaient les bouteilles de verre ou les briques, qui s'amoncelaient derrière des palissades de contreplaqué, d'armatures métalliques ou de bâches en plastique. Et bien que ce fût un dimanche, il régnait là une certaine animation. Une vieille dame s'avançait face à eux, entre une montagne de canettes en aluminium et un mur de bidons rouillés.

« Brin d'Herbe ! » cria-t-elle en enlevant le bout de cigarette allumée qu'elle avait au coin de la lèvre.

Elle ployait sous un poids qu'elle portait sur les épaules comme le font les jeunes.

« Ça, c'est une bonne femme géniale ! » s'écria le garçon, tourné vers Yu Mei.

Puis, répondant à la dame :

« T'as une vue perçante, vieille mère ! »

Mettant pied à terre, il adossa son vélo à la palissade et glissa à l'adolescente :

« Sans elle, je serais mort depuis longtemps. »

La vieille dame s'approchait. Jetant son mégot, elle lança un crachat bruyant et posa sur le sol le gros sac de jute qu'elle portait.

« Pourtant, c'est dimanche. Comment ça se fait que t'étais pas là ? Le petit Liu voulait que tu l'aides à traîner un chargement pour l'usine d'emballage, au troisième périphérique ouest, là-bas... Il arrivait à peine à faire avancer la charrette tellement c'était lourd. Ça t'aurait fait un peu de sous ; je lui disais de t'attendre... Finalement, c'est la jeune paysanne du Sichuan qui y est allée, tu sais : la petite bonne que ses patrons ont virée... »

Yu Mei ne comprenait pas très bien. Elle ne connaissait pas la précarité de la vie de ces filles de la campagne qui venaient à la capitale se faire embaucher comme bonnes à tout faire, mais elle les avait vues plusieurs fois, en passant en bus. Il y avait un endroit, à un carrefour de bretelles d'autoroute, où elles attendaient par dizaines un éventuel employeur. Tous les jours. C'était une espèce de marché de la main-d'œuvre au noir, en pleine ville.

« Tant pis, répondit Brin d'Herbe. J'avais des trucs à faire. »

Yu Mei n'était pas très à l'aise. Elle se sentait dévisagée. La vieille dame, de nouveau, se racla la gorge et lança un crachat.

« Y'a aussi le Taoïste qui t'a cherché, ce matin !

— Qu'est-ce qu'il a dit ?

— Rien ! Qu'il te verrait une autre fois. Tu sais comme il est peu bavard... Parfois, le temps que le soleil passe de l'est à l'ouest, il a pas fini une phrase ! »

Puis elle ralluma une cigarette.

« Vieille mère, pourquoi tu trimballes encore tes azeroles[1] toute seule ? Tu crois pas que tes vieilles épaules, elles en ont assez porté ? Je te les porte, moi. Tu vas où ?

---

1. Petits fruits acidulés, ayant l'aspect de petites pommes rouges, dont les Pékinois sont très friands. Ils les achètent dans la rue, enrobés de caramel et enfilés sur un bâton.

— Je vais au terminus des bus. Le petit marchand de la tour du Tambour vient les chercher.

— Attends, je montre juste mon palais et j'y vais. »

Brin d'Herbe guida Yu Mei entre deux palissades, son vélo à la main. Il avait oublié sa timidité, sa réserve envers elle, qui n'était pas de ce monde-là. Puisqu'elle était ici, il irait jusqu'au bout. S'arrêtant derrière une cabane de tôles et de planches, il ouvrit un crochet en fil de fer libérant un panneau de bois qui tenait lieu de porte.

L'intérieur du cagibi était sombre, mais on voyait le sol de planches et on devinait une couchette avec une grosse couette et des affaires entassées autour.

« C'est là ! dit-il en entrant. J'ai la lumière ! »

Et il alluma une lampe-torche suspendue par un fil de fer.

« Si je veux, j'ai même l'eau, ajouta-t-il en montrant un bout de tuyau qui pendait au-dessus d'un seau en plastique. Il faut que j'aille ouvrir le robinet de la cour et que j'y branche mon tuyau, mais ça marche ! »

Yu Mei venait d'avoir comme une illumination :

« Mais alors, tu vas jamais à l'école ?

— T'avais pas encore compris ? J'y ai jamais été. Tu connais, toi, une école qui voudrait d'un vagabond ? »

Elle regardait attentivement ce lieu où vivait Brin d'Herbe. C'était une chose à se rappeler, toujours.

Aussi simplement qu'il avait montré l'endroit, après y avoir fait entrer son vélo, le jeune garçon referma ce qui tenait lieu de porte, chargea sur ses épaules le sac d'azeroles de la « vieille mère » et partit, Yu Mei poussant son vélo à ses côtés, en direction du terminus des bus.

« La vieille mère, elle est douée pour la cueillette des azeroles. D'ailleurs, il y a des vieux qui l'appellent "la mère Azerole". Maintenant, avec les années, elle grimpe plus dans les arbres. Mais elle connaît les endroits où il reste des vieux azeroliers à plusieurs kilomètres d'ici, et personne ne sait gauler les fruits comme elle. En plus, elle y va la nuit, pour les cueillir avant tout le monde. C'est elle qui ravitaille une bonne partie des marchands d'azeroles au caramel de Pékin. Si tu voyais le courage qu'elle a, tous les jours, même quand ses rhumatismes lui font tirer la patte !...

— C'est un peu ta grand-mère, quoi ?

— Oh, je sais presque rien sur elle... Et pourtant je la connais depuis longtemps ! La seule chose qu'elle dit, de temps en temps, quand les gens la mettent en colère, c'est : "Mon père était pas marchand d'eau chaude, ça c'est sûr !" Mais quand on lui demande ce qu'il était, elle répond pas. Elle dit que l'histoire de sa vie est si triste qu'elle pourrait faire pleurer toute la ville de Pékin pendant plus d'un an. Elle dit aussi que pleurer est mauvais à la santé, et donc que c'est pas la peine. On lui fait plaisir en lui donnant quelques cigarettes de temps en temps, et puis elle, c'est la "vieille mère" du quartier. Elle sait tout sur chacun, elle sert de boîte aux lettres, elle aide toujours, si elle peut. C'est quelque chose, ça ! Et puis, elle a des tonnes d'idées, c'est la reine des inventions pour profiter de tout ce qu'on peut récupérer. »

Aujourd'hui, il avait décidément envie de parler, il n'y avait qu'à laisser venir...

« Moi, quand j'ai perdu mon chien... Faut que j'te dise, j'étais petit, et mon chien, c'était mon compagnon, c'est lui qui me réchauffait la nuit. Un soir, je l'ai retrouvé mort, je me suis allongé à côté de lui, sur la montagne d'ordures. Je me souviens plus bien, mais c'est la "vieille mère" qui me l'a raconté. Elle dit que j'étais resté là plusieurs jours, que je me laissais mourir. C'est elle qui m'a sauvé en m'emportant dans ses bras. Elle m'a fait manger un bol de nouilles. Sans elle, je serais plus là. Elle me faisait rire en me disant une phrase que je me rappelle toujours : "Cette foutue vie, tu verras, c'est quand même mieux que de la crotte de chien !" »

Il avait l'air tout à coup très sérieux. Il n'était plus

le jeune garçon agressif du jour où elle l'avait rencontré pour la première fois. Peut-être qu'il montrait enfin son vrai visage. Il n'avait plus besoin de carapace. Bien sûr, il trouvait bizarre que Yu Mei l'ait suivi jusqu'ici, mais enfin, elle était là et elle l'écoutait avec une attention étonnée dont il ne revenait pas. La « vieille mère » avait raison : cette foutue vie était mieux que de la crotte de chien !

Ils marchèrent en silence un long moment. C'était un silence nécessaire, de ceux qui arrivaient après des instants trop intenses.

Un homme les dépassa, portant deux poules par les pattes, qui battaient des ailes.

« Pour vous, c'est fini, les poulettes ! » plaisanta Brin d'Herbe en posant un instant son fardeau au bord de la route.

Et puis, s'adressant à Yu Mei :

« Alors, tu as découvert ce qu'on te cachait, chez toi ? »

Chez elle ? Ah, oui ! Chez elle. Elle allait rentrer chez elle... retrouver sa grand-mère... expédier ses devoirs... retourner à l'école demain ! Elle avait complètement oublié tout ça.

« Euh... Non ! J'ai rien trouvé du tout. »

Néanmoins, elle raconta la carte routière de la province du Xin Jiang, trouvée au fond du tiroir, avec l'inscription à la main, et le camp de rééducation.

« Et puis, est-ce que tu sais, toi, comment ça se fait qu'on ne rende pas le corps d'un prisonnier mort ?

— Ils ont dû le brûler[1] là-bas. »

Il avait parlé sans trop avoir réfléchi. Il y eut encore un silence, lourd cette fois. Voyant le trouble de Yu Mei, il finit par ajouter :

« Moi, j'y connais rien du tout, j'ai dit ça comme ça. Il faudrait que je demande à la "vieille mère"... Ou au Taoïste, tiens, c'est vrai... Lui, il saurait, sans doute. »

Yu Mei gardait les yeux baissés. À voix basse, elle dit :

« Mais... quand on incinère quelqu'un, il reste des cendres, qu'on donne à la famille, non ? »

Il n'essaya pas de trouver une réponse et reprit sur les épaules son sac d'azeroles. Ils arrivèrent au terminus des bus sans avoir parlé d'autre chose, et se séparèrent après avoir échangé un « Salut ! » lourd de mots qui n'étaient pas dits.

---

1. En Chine, après la mort, les gens sont incinérés. Même dans les campagnes, en principe, on n'a plus le droit d'être enterré, car cela occupe un morceau de terre cultivable, qui est trop précieuse.

Pédalant sur le chemin du retour, Yu Mei était un peu triste et perplexe. Une foule entrait et sortait d'un McDonald's qui inondait le trottoir de lumière. C'était comme si elle regardait sans voir. De même, dans les grandes artères, elle n'entendait pas plus les klaxons que le son des haut-parleurs aux carrefours : « Attention, le feu va passer au vert ! » puis « Maintenant le feu est vert, vous pouvez passer prudemment, sans vous bousculer ». Dans sa tête résonnaient d'autres phrases : « Tu n'avais pas encore compris ? Je n'ai jamais été à l'école ! », « Sans elle, je serais mort ».

Le long d'une avenue, devant une immense publicité pour les cigarettes de la Montagne de la Pagode-Rouge, deux femmes très maquillées étaient en grande conversation... chacune avec son téléphone portable. Mais devant les yeux de Yu Mei flottaient d'autres images...

En quelques jours, le froid s'était vraiment installé à Pékin. La glace sur les douves de la Cité interdite et les lacs de la capitale épaississait de jour en jour. En sortant de l'école, ce soir-là, à pied, car sa grand-mère disait que c'était mauvais pour les bronches de pédaler par un froid pareil, Yu Mei entendit son nom appelé de l'autre côté de la rue. Elle eut la surprise d'apercevoir Brin d'Herbe et se dépêcha de traverser, pour éviter que le garçon ne s'approche d'elle au vu et au su de ses camarades de classe.

« Il faut que je te parle ! »

Sa vieille chapka de toile kaki, copiée sur celle de l'armée, lui donnait un air enfantin.

« Monte sur mon porte-bagages, on va aller à un endroit où on gèlera pas trop.

— Dans le coin ? Je vois pas... Où veux-tu aller ?

— Au marché couvert. C'est à deux pas.

— C'est sale, et ils vendent que des vieux légumes pas frais...

— Eh oui, c'est un marché d'État, quoi ! Mais au moins il y fait chaud, et personne ne nous dérangera. »

Pour entrer dans le long bâtiment, ils écartèrent le rideau de larges bandes de caoutchouc noir qui coupait du froid du dehors et se retrouvèrent dans une odeur de chou fermenté.

« Le Taoïste dit que, sauf en temps de guerre ou de révolution, on rend toujours le corps à la famille. Il dit même que, quand on exécute un condamné à mort, on envoie à la famille la note pour le prix des balles qu'on lui a tirées dans la tête, mais qu'on envoie aussi une petite boîte avec les cendres du condamné.

— T'es venu pour m'apprendre ça ? T'as fait tout ce chemin, par ce froid ? »

Yu Mei était touchée.

« Tu voulais savoir, non ? J'ai bien vu que c'était important pour toi, alors hier, j'ai été voir le Taoïste.

— Pourquoi tu l'appelles comme ça ?

— Tout le monde l'appelle comme ça. C'est un ancien moine. Enfin, plutôt une sorte de savant qui adore les vieux bouquins et la peinture aussi.

— Il vit dans un temple ?

— Non ! Je t'ai dit : un "ancien" moine. Pendant la Révolution culturelle[1], il s'est caché, avec quelques trésors de la bibliothèque du temple...

— Mais maintenant, tout ça, c'est fini ; pourquoi il y est pas retourné ?

— Tu parles, il dit qu'il refuse d'aller faire le clown déguisé avec la bande d'ignorants que l'État a embauchés.

— Ah oui, comme ceux du temple du Nuage Blanc[2] ?

— Oui, à peu près. Il les appelle "les figurants". Il est pas bavard, mais le peu qu'il dit, c'est jamais pour rien. Maintenant, il est gardien de nuit dans

---

1. Mouvement politique (1966-1976) lancé par Mao dont le pouvoir était en perte de vitesse. S'appuyant au départ sur les étudiants et les écoliers, le mouvement devint incontrôlable et nécessita l'intervention de l'armée. Il fit de très nombreuses victimes et laissa de profondes cicatrices dans toutes les couches de la société.

2. Grand temple Taoïste de Pékin.

une usine. Il vit dans une toute petite chambre pleine de livres du sol au plafond.

— Quand je pense à ce qu'il a dit pour mon père... Si c'est ça, alors, ma grand-mère, elle sait... Et c'est pour ça qu'elle a paniqué quand je lui ai demandé pourquoi on n'allait pas sur la tombe de mon père, à la fête des Morts...

— Bon Dieu, mais demande-lui ! Ça sert à quoi d'avoir une famille, si on ne peut même pas parler ?

— D'abord, je lui ai demandé..., rétorqua Yu Mei qui commençait à s'énerver. Elle m'a répondu qu'il ne fallait pas se révolter ! Tu parles d'une réponse... Et puis c'est pas si simple. Tu vois bien d'ailleurs, toi, avec la "vieille mère"... Tu dis qu'elle n'a jamais répondu quand tu l'interrogeais sur sa vie. »

Et puis, après avoir réfléchi un instant, elle ajouta :

« Peut-être que les cendres de mon père sont là-bas, au lac Ai Ding...

— Mais alors pourquoi ta grand-mère te l'a pas dit ? Pourquoi elle te le cacherait ?

— Oui, il y a quelque chose qui cloche. »

L'odeur de chou était de plus en plus forte, mêlée à une odeur de poisson séché, et, en cette fin d'après-midi, le marché était presque vide. Les vendeuses, habillées de blouses blanches douteuses, croquaient des graines de courge en buvant leur thé dans des bocaux en verre. Un gamin obèse pleurait parce que sa grand-mère ne voulait pas lui acheter des caramels.

« Je veux des *Lapin blanc* ! » trépignait-il en montrant la montagne de bonbons dans leur emballage rouge et noir, avec le fameux petit lapin blanc connu de tous les enfants.

« Tiens, mais au fait, j'ai de quoi casser la croûte ! » dit soudain Brin d'Herbe en sortant de sa poche des galettes au sésame dans un papier brun.

Sans oser avouer que les odeurs de l'endroit lui soulevaient le cœur, Yu Mei accepta un morceau de cette pâte grillée encore chaude.

« Mange de bon cœur, je les ai reçues en pleine gueule, s'exclama-t-il en riant. Mais cette fois, c'était la dernière ! Je lui ai dit, à ma garce de patronne, qu'il fallait maintenant qu'elle cherche quelqu'un d'autre à frapper !

— T'es parti ?

— Elle m'a pas payé la semaine passée. Faut dire que ça arrivait de plus en plus souvent qu'elle me paye en retard. Pour me faire prendre patience, elle me faisait miroiter un petit débarras derrière son karaoké, où je pourrais peut-être m'installer, un jour, quand ils auraient nettoyé toutes les saletés qu'il y a dedans. Mais pour qu'ils me demandent encore plus de choses à l'œil ? Non ! je suis mieux chez moi. Alors, j'ai réclamé d'être réglé comme convenu, et j'ai dit que, de toute façon, j'en voulais pas de son trou à rats. Elle était folle de rage ! Elle m'a poursuivi jusque dans la rue en hurlant : "Retourne sur ton tas d'ordures ! C'est ce qui te convient le mieux !" Tu imagines la perte de face avec les gens autour ! Pour finir, elle m'a balancé ce paquet de galettes qu'elle venait d'acheter. Elle m'avait visé à la tête, mais je les ai reçues dans les bras ! Un vrai cadeau ! Tous les passants qui nous regardaient ont éclaté de rire. Faut dire qu'elle est pas franchement aimée, dans le coin...

— Alors, t'as plus de boulot ?

— T'inquiète pas, le boulot, c'est pas ce qui manque. Près du lac de Shi Sha Hai, ils sont en train de détruire tout un pâté de vieilles maisons. J'irai récupérer les briques. Je suis le roi pour gratter le ciment, je fais ça depuis que je suis tout petit. Et maintenant, je suis assez costaud pour les transporter sur une charrette. Bien nettoyées, c'est facile à revendre. Te fais pas de bile, c'est pas demain que je mourrai de faim.

— Et le Taoïste, il peut pas t'aider ?

— Ben... J'y vais encore mollo avec lui... On était en froid. Mais quand je suis allé lui demander pour le corps qu'on rend aux familles, tu sais, pour ton père, il m'a très bien accueilli.

— Pourquoi t'étais en froid avec lui ?

— Bof... Pour rien ! Enfin... Parce que je suis... paresseux... »

Tout à coup, il baissait la tête. En lui faisant visiter l'endroit où il vivait et tout ce qu'il y avait autour, Brin d'Herbe ne s'était pas senti gêné. Là, pour la première fois, il était très mal à l'aise.

« Comment ça, paresseux ? insista Yu Mei.

— C'est-à-dire... le Taoïste avait commencé à m'apprendre à lire. Il voulait que je vienne régulièrement, et puis c'était dur... J'ai eu la flemme. Quand je suis devenu "antivol de mobylette", j'ai complètement laissé tomber. »

Le silence de Yu Mei était carrément réprobateur.

Mais il tenait à se justifier :

« Il faut dire qu'il voulait faire de moi un lettré, ma parole ! Je devais réciter des classiques par cœur... Il me faisait cadeau de rien ! »

Il avait bien vu qu'elle n'avait pas l'air d'accord, mais il n'avait pas pensé qu'elle élèverait le ton comme ça :

« T'es cinglé ? Tu rencontres quelqu'un qui veut t'apprendre à lire, gratuitement, et tu laisses tomber ? Tu comprends pas les noms de rues, les étiquettes...

— Mais si, je comprends un peu... et puis... J'arrivais pas à tout faire, c'est tout !

— En tout cas, si tu t'y remets pas, t'es une tête de pioche !

— Va pour la tête de pioche. Pour toi, bien sûr, c'est facile...

— Oui, je sais... Pardon ! »

Un silence s'établit. Yu Mei, les yeux baissés, jouait avec la sonnette du vélo de Brin d'Herbe. Elle redressa la tête tout d'un coup et lui dit :

« Tu sais, pour moi, en ce moment, rien n'est facile. Ça va te paraître bizarre, mais j'ai personne à qui parler... à part toi.

— Pff... Quand on va à l'école, on a des copains et des copines, non ?

— J'ai une copine, mais depuis quelque temps, je la trouve nunuche. Elle me conseille toujours de m'écraser, de ne pas chercher à comprendre... »

Les vendeuses commençaient à bâcher les étalages en vue de la fermeture, et un balayeur leur envoyait sur les pieds la poussière et les détritus soulevés par ses vigoureux coups de balai. Pourtant, ils n'avaient pas envie de s'en aller.

« Ton Taoïste, il s'y connaît en calligraphie ?

— Sûrement, il connaît à peu près tout ! Et puis il en a même sur ses murs, alors...

— Parce que, moi, j'aime bien ça. Mais pour progresser, notre prof dit qu'il faut en regarder de belles...

— Eh ben, t'auras qu'à venir avec moi un jour où j'irai le voir. De toute façon, je passerai à la sortie de ton école, quand j'aurai le temps...

— Oui, mais ne crie pas mon nom trop fort. Fais-moi signe discrètement, de loin, et je te retrouverai dans la rue derrière. »

Quand ils se séparèrent, la nuit était déjà tombée.

Le samedi suivant, Yu Mei ne voulait toujours pas aller voir sa mère. Sa grand-mère n'osait pas la brusquer. La mère avait décidé que, puisque sa fille ne voulait pas venir pour le second week-end consécutif, c'était elle qui viendrait déjeuner le dimanche. Yu Mei imaginait déjà, au mieux, les silences pesants, au pire, les remontrances aigres. Puisqu'on lui cachait quelque chose, elle non plus ne parlerait pas.

À l'école, Mei Hua lui faisait des reproches. Elle disait qu'elle n'était plus la même depuis qu'elle avait surpris cette conversation entre sa mère et sa grand-mère. En effet, Yu Mei se rendait compte que quelque chose en elle était en train de changer. Elle ne serait plus jamais une petite fille, et, même si sa mère était quelqu'un d'assez lointain, ça ne justifiait pas qu'elle lui cache quelque chose d'important, de si important que sa grand-mère trouvait ça inhumain. Et puis, elle avait compté sur le soutien de son amie. Au lieu de cela, sa réaction tiède et molle l'avait déçue, et, du coup, elle trouvait qu'elle avait des préoccupations de bébé ou de petite fille bien sage.

Cependant, comme elle n'arrivait pas à envisager sereinement la visite de sa mère le dimanche suivant, elle lui demanda de venir aussi. Mise au courant, sa grand-mère trouva que c'était une drôle d'idée. Ne se voyaient-elles pas à l'école tous les jours ? Mais tout compte fait, cela détendrait l'atmosphère. Il fut décidé qu'elles iraient toutes les quatre, dimanche après-midi, sur le lac gelé de Shi Sha Hai où on trouvait à louer des espèces de « tabourets-traîneaux ». Chaque année, au moins une fois dans l'hiver, les deux amies aimaient faire la course, assises sur ces sortes de luges. Grâce à des pics en fer qu'on utilisait un peu comme des bâtons de ski, elles arrivaient à avancer très vite.

Le dimanche suivant, l'air était vif malgré le soleil éclatant. Les raviolis du déjeuner avaient été avalés à la hâte, puis la mère, la grand-mère et les deux amies s'étaient engouffrées dans le bus, en direction du petit lac, au nord-ouest de Pékin.

« Qui c'est qui a choisi la couleur de ton bonnet ? demanda discrètement Mei Hua à sa copine.

— Tais-toi ! Je déteste !

— C'est pas si horrible que ça, mais ça m'étonnait de toi.

— Je dis rien pour ça, tu vois, pas plus que pour le reste...

— Écoute, aujourd'hui on s'amuse, on oublie "le reste". D'accord ?

— Heureusement que tu es là, parce que, franchement, aller faire des glissades sur la glace, à moi, ça me dit rien du tout... »

L'arrêt de l'autobus était tout près du lac, mais l'endroit où le patinage était autorisé était à l'autre bout. Cette extrémité-ci était réservée à une pratique beaucoup plus sportive...

« Qu'est-ce qu'ils font ? demanda Mei Hua en voyant un attroupement de gens sur la glace en train de se déshabiller.

— Ce sont les fous de natation ! », répondit la mère de Yu Mei tandis qu'elles s'approchaient.

Les cinglés en question, en un temps record, s'étaient retrouvés en maillot de bain et rentraient maintenant dans l'eau à l'endroit où un large trou avait été fait dans la glace. Elles n'eurent pas longtemps à retenir leur souffle à la vue de ce spectacle, car déjà, ayant fait deux ou trois brasses, ils ressortaient et se frottaient vigoureusement le corps avant de se rhabiller. Au total, ça n'avait duré que quelques minutes.

« Ils viennent là tous les jours. S'ils arrêtent une seule fois, dit la grand-mère sentencieusement, ils ne peuvent plus reprendre. »

Et elle ajouta, en avançant sur la glace à petits pas précautionneux :

« Il paraît que ça fait des cœurs à toute épreuve ! »

Elles s'éloignèrent en direction de l'espace du lac gelé réservé au patinage. Là, ayant loué deux tabourets-traîneaux, elles commencèrent à se faufiler au milieu d'une foule bruyante. Yu Mei insista pour pousser sa grand-mère.

« Mais ne me mets pas les pics en fer dans les jambes.

— J'ai peur que tu ailles trop vite, ça me servira de frein. »

En fait, elle riait de plaisir et adorait la vitesse, comme une petite fille, sauf quand on frôlait un patineur peu sûr de lui ou qu'un autre tabouret-traîneau fonçait droit sur elles. Le vent était glacé mais le soleil si éclatant qu'il fallait cligner des yeux pour apercevoir, derrière les arbres, les toits recourbés de la tour de la Cloche[1]. Yu Mei réfléchissait tout en

1. Un des vestiges du vieux Pékin.

poussant sa grand-mère : « Il faut que j'aie le courage de lui parler. C'est la seule solution, car elle est plus accessible que ma mère. Mais je ne vois pas comment y arriver... » Elle baissait les yeux à cause de la réverbération du soleil sur la glace. Elle songeait que Brin d'Herbe avait raison. « Elle sait sûrement quelque chose. C'est moi qui suis drôlement lâche, alors... Bon ! Je vais faire la course avec Mei Hua. Si je ne tombe pas une seule fois, c'est dit, je lui parlerai. » Après s'être fait à elle même ce serment, elle se sentit plus calme et plus forte et décida de trouver ces glissades amusantes.

Sa mère, qui n'était pas tentée par ces jeux, était partie acheter des azeroles au caramel et revenait avec une brochette pour chacune. Croquant la pellicule brillante et dorée sur les petits fruits acidulés, Yu Mei se demanda s'ils avaient été cueillis par la « vieille mère », du côté de la « colline puante de l'est ».

« Je te parle, Yu Mei, tu es encore dans la lune ! On fait la course toutes les deux ? »

La vieille dame s'était assez amusée. Elle laissait la luge à Yu Mei.

« D'accord, on y va ! »

Et elle pensa : « Si je ne tombe pas, c'est juré, je parle à grand-mère. Mais je ne dis rien à cette gourde. Tant pis pour elle ! »

Il était difficile de prendre de la vitesse, car il y avait trop de monde, mais les obstacles créés par la foule pimentaient le jeu. Mei Hua reçut, presque sur les genoux, un jeune homme qui, sur de beaux patins neufs, se donnait du mal pour faire d'habiles figures, mais qui, le casque de son baladeur sur les oreilles, n'entendait pas les autres. Yu Mei avançait à grands coups de pics dans la glace quand un autre traîneau heurta le sien par-derrière. Il était manœuvré à toute vitesse par un grand dadais qui poussait des hurlements pour se frayer un passage. Un adolescent très gros y trônait, jouant avec son Game Boy sans regarder où ils allaient. Elle fut déséquilibrée, mais se rattrapa de justesse et se retourna furieuse contre les deux garçons.

« Vous feriez mieux de rester à la maison avec votre jeu vidéo !

— Impossible de faire une vraie course ! cria Mei Hua.

— Ça fait rien ! On essaie de foncer sans tomber ! » lui répliqua son amie.

Le jeu dura encore longtemps.

Finalement, elles n'en pouvaient plus ; les joues écarlates, elles n'étaient tombées ni l'une ni l'autre !

Toutes les quatre reprirent le bus. La mère et la grand-mère descendirent un arrêt plus tôt pour aller chercher des brochettes de mouton grillé. Il était convenu que les deux amies rentreraient les premières pour finir leurs devoirs. Mais à la maison, épuisées, elles s'assirent pour partager une bouteille de limonade, n'ayant ni l'une ni l'autre envie de se mettre au travail.

Le petit visage rond de Mei Hua était tout réjoui.

« On a bien rigolé, non ? »

Yu Mei ne répondit pas tout de suite, se contentant de boire sa limonade. Sa décision de parler à sa grand-mère de ce qui la préoccupait était prise, mais elle savait que ce serait difficile, tellement difficile... Heureusement, elle ne s'était pas engagée quant au délai... !

« Oui...

— Eh ben, on peut dire que tu es bavarde, toi, en ce moment !

— J'ai rien à dire, c'est tout !

— Tu me prends pour une cloche ? »

Oui, c'était vrai, elle la prenait un peu pour une cloche. Mei Hua était peinée, et troublée aussi. Pour occuper ses mains, elle saisit la petite pendule au chromo révolutionnaire dont Yu Mei se moquait toujours. Dissimulant son malaise, elle qui détestait les affrontements, elle la regardait en la retournant dans tous les sens.

« Attention ! C'est un trésor de famille ! » s'écria son amie avec un rire cynique.

C'est alors que, bêtement, l'objet échappa des mains de l'adolescente et s'écrasa par terre. Le verre du cadran vola en éclats, et le socle de la pendule lui-même céda sous le choc. Les deux amies se précipitèrent pour ramasser les morceaux.

« Un verre, ça se change, murmura Mei Hua, les larmes aux yeux ; mais le reste est tout déglingué... »

Yu Mei tenait ce qui restait de la pendule.

« À mon avis, c'est foutu ! »

Elle n'avait pas d'état d'âme pour ce qu'elle jugeait être un vieux truc ringard.

Dans sa main, le corps du mécanisme montrait des ressorts encore agités de soubresauts. C'est alors qu'elle remarqua un petit bout de papier blanc dépassant entre deux plaques qui maintenaient le dos du boîtier. Elle tira dessus et fut surprise de voir apparaître une vieille photo abîmée. Son cœur se mit à battre très vite.

« Regarde ce qui était caché dedans ! »

Tout de suite, elle eut le pressentiment qu'elle s'approchait « du secret ». C'était une photo de très petit format, comme on en faisait dans les temps difficiles, où l'on ne dépensait presque rien, parce qu'on n'avait presque rien, même pour une photo qu'on garderait toute la vie. La photo avait été déchirée puis recollée avec du ruban adhésif, et – Yu Mei en était sûre – au milieu, c'était son père. Il avait le même petit sourire que sur l'unique photo qu'elle avait jamais vue de lui, qui était avec les papiers importants, dans l'armoire de la chambre.

Mais… stupeur : à sa droite, il y avait une femme qui n'était pas sa mère, et devant lui, dans ses bras, il y avait un bébé qu'elle ne connaissait pas. Un étau serrait sa gorge. Il lui fallait un effort de volonté pour arriver à respirer. Son amie, tout à son regret d'avoir cassé quelque chose qu'on lui avait dit être un souvenir, ramassait les morceaux de verre d'un air désolé. Levant les yeux, elle vit Yu Mei pétrifiée face à un bout de papier qu'elle finit par lui tendre.

« Regarde !… papa ! »

Mais on entendit du bruit dans la montée d'escalier : les deux femmes revenaient avec les brochettes de mouton. L'affrontement n'était pas possible maintenant. Les deux adolescentes poussèrent, d'un même accord muet, les débris sous le buffet, se précipitèrent sur la table où elles ouvrirent un livre de cours et leurs cahiers, et prirent un air très concentré, le stylo à la bouche. Quand la mère et la grand-mère entrèrent, elles trouvèrent l'atmosphère studieuse. Yu Mei dissimulait ses yeux dans le livre ouvert de mathématiques, d'un air de dire qu'il ne fallait pas l'interrompre dans ses calculs. Une bonne odeur de mouton grillé s'était répandue dans la pièce.

« Je réchauffe les pains à la vapeur, mais ce sera vite prêt. Comme ça, tu pourras manger avant de rentrer chez toi », dit à voix basse la vieille dame à Mei Hua.

Cette dernière était bouleversée. Pour la première fois, elle commençait à comprendre l'angoisse de son amie, tout en sachant que, ce soir, elle ne pourrait pas l'aider.

Elle fit un effort pour sourire, comme si de rien n'était.

Elles se partagèrent les brochettes qu'elles mangèrent accompagnées de *mantous.*

Comme toujours avec la mère, le dîner fut vite expédié. (Pourquoi était-elle toujours si pressée ? Yu Mei aurait aimé lui parler de temps en temps, sinon du fond du cœur comme à une confidente, au moins comme à une amie adulte. Au lieu de cela, elle avait toujours l'impression que sa mère ne souhaitait pas avoir le temps de discuter avec elle...) Puis cette dernière s'en alla en même temps que Mei Hua.

Elles étaient à peine parties que Yu Mei, ne pouvant plus attendre, entra dans la cuisine, où sa grand-mère rangeait, et lui mit sous le nez la petite photo recollée en disant d'une voix qui tremblait d'émotion :

« C'est quoi, ça ? »

Ce fut un choc. La vieille dame, à qui il fallut un instant pour réaliser, s'appuya d'abord au mur, comme si elle allait perdre l'équilibre, puis mit ses deux mains devant son visage et se mit à pleurer.

Sa petite-fille se doutait bien qu'il y aurait un moment difficile... Elle prit le bras de sa grand-mère et l'emmena s'asseoir sur le canapé. Maintenant, elles étaient dans le vif du sujet et plus personne ne se déroberait.

« Comment tu l'as trouvée ? demanda-t-elle dans un sanglot.

— On a fait tomber la petite pendule... Elle s'est cassée...

— Ta mère voulait détruire cette photo... Qu'il n'y ait plus aucune trace... Et moi, j'ai réussi à sauver les débris... Sans qu'elle le sache, je l'ai réparée et je l'ai cachée... »

Ses larmes coulaient sans arrêt. Yu Mei, qui ne l'avait jamais vue pleurer, en avait le cœur serré, mais elle ne pouvait pas en rester là. Il fallait qu'elle sache, même si ça faisait mal d'en parler. Elle alla à la cuisine chercher un torchon et le tendit à sa grand-mère qui s'en empara, et, y cachant totalement son visage, se mit à sangloter d'une manière presque hystérique. Yu Mei lui prit une main qu'elle caressa doucement.

« Papa est vivant, n'est-ce pas ? »

La vieille dame pleurait comme si elle ne devait jamais s'arrêter, et sa petite-fille, qui avait compris, attendait que sa douleur s'apaise.

« Ta mère avait juré que tu ne saurais jamais... Maintenant ce secret, envers et contre tout... c'était... pour elle... la chose la plus importante... Qu'est-ce qu'on va faire, alors ? Qu'est-ce qu'on va faire ? »

Et elle sanglotait de plus belle.

« Mais, grand-mère, je suis sa fille, j'ai le droit de savoir...

— C'est aussi ce que je lui soutenais, mais tu sais, ta mère a été tellement malheureuse... j'étais déchirée entre lui épargner ce chagrin et... à toi... »

Elle n'arrivait pas à en dire plus.

« À moi ?... À moi, grand-mère, quoi ? »

L'adolescente lui secouait le bras, les larmes aux yeux. Elle n'avait plus le choix, maintenant.

« Ton père vit avec une autre femme et il a un enfant, un petit garçon. »

Cette révélation semblait avoir épuisé ses forces. Elle ne pleurait plus et essuyait son visage ravagé, les yeux fermés. Mais ça n'était pas fini, il fallait aller jusqu'au bout.

D'une toute petite voix brisée, elle continua :

« Quand la condamnation de ton père a été commuée en assignation à résidence, là-bas, avec pour tâche d'encadrer le travail d'exploitation du sel, il n'avait pas moyen, bien sûr, de rentrer...

— Maman n'est pas allée le voir ?

— Jamais ! Elle avait toujours condamné son engagement politique... Je me souviens de leurs disputes. Elle lui disait que, la démocratie, ça ne donnerait pas à manger aux gens !...

— ...

— Alors ton père... Il a refait sa vie, là-bas, et un jour, on a reçu cette photo. Il disait qu'elle était pour toi. »

Maintenant, elles pleuraient toutes les deux, chacune essuyant ses larmes avec un coin du même torchon.

« Le jour où cette photo est arrivée a été terrible pour ta mère. Depuis ce jour-là, quelque chose est brisé... Et pourtant, c'est elle qui n'a jamais voulu quitter la ville pour aller le rejoindre. »

Et puis, après des soupirs et des silences :

« Je trouvais que ce n'était pas juste, pour toi, de ne pas savoir. Tu vois, au fond, c'est peut-être une chance que vous ayez cassé la petite pendule. C'est ton destin. Et maintenant, il faut y faire face...

— Tu sais, grand-mère, je suis bouleversée, mais

pour moi, au fond, c'est quand même une bonne nouvelle !

— Comment tu peux dire ça ? »

La vieille dame semblait sortir d'une épreuve terrible. Ses cheveux gris coupés court étaient tout ébouriffés, ses yeux bouffis et la peau de son visage marbrée de rouge.

« Je croyais mon père mort et il est vivant. En plus, je découvre que j'ai un demi-frère ! »

Après tout, sa petite-fille était tournée vers l'avenir, vers la vie, et c'était heureux !

Elles restèrent un long moment serrées dans les bras l'une de l'autre.

Dans ses pensées, dans sa tête, il fallait que l'adolescente fasse maintenant une place à ce père inconnu et à ce petit frère, qui ne l'était d'ailleurs qu'à moitié – mais quelle importance ? Quand elle serait plus grande, elle se débrouillerait pour aller là-bas. Elle trouverait un moyen... L'autre bout de la Chine, après tout, ce n'était pas le bout du monde ! Et quand elle serait enfin en face d'eux, qu'est-ce qu'ils penseraient d'elle ? Quelle impression donnerait-elle ? Et toutes ces interrogations devenaient celles de la vie tout court, celles que l'on se pose confusément quand on n'est plus un enfant, mais que le monde des adultes vous paraît encore loin.

Néanmoins, après cette rude explication que des circonstances hasardeuses avaient rendue possible, Yu Mei se sentait beaucoup mieux. Bien sûr, sa mère n'avait pas regagné sa confiance, et avec elle, rien n'avait été éclairci. Cependant, l'adolescente maintenant *savait*, et la vie de tous les jours, avec sa grand-mère, était redevenue ce qu'elle était auparavant, avec, en plus, une connivence entre elles deux. À l'école, depuis le lundi qui avait suivi la découverte de la photo, Yu Mei et Mei Hua n'avaient pas encore pu se parler tranquillement. Yu Mei ne le cherchait d'ailleurs pas, mais Mei Hua, elle, attendait l'occasion. Elle se présenta enfin le jeudi après-midi. L'absence d'un professeur fit que les élèves furent libres une heure plus tôt que d'ordinaire.

« Viens un moment à la maison ! dit Mei Hua en saisissant le bras de son amie, alors qu'elles sortaient de la classe. On sera tranquilles, il n'y aura personne. »

Yu Mei se laissa convaincre, et c'est ainsi qu'elles se retrouvèrent chez Mei Hua.

C'était un appartement beaucoup plus confortable que celui de la grand-mère de Yu Mei. Il y avait des bibelots et des napperons partout, et une vraie salle de douche, avec aussi un lavabo et un chauffe-eau. L'adolescente avait sa chambre à elle, et, depuis quelques jours, l'ordinateur que le père venait d'acheter trônait dans le salon. Quand on allumait le plafonnier, un tableau en verre s'éclairait en même temps, figurant une cascade, dont les eaux se mettaient à couler d'un perpétuel mouvement.

La télé, sur la chaîne de Pékin, programmait un film de kung-fu, dont l'histoire se situait sous la dynastie Ming[1]. Elles s'installèrent en face, sur le canapé, appuyées aux coussins de peluche orange, et Yu Mei, sur le fond sonore des cris du héros, qui s'envolait dans les arbres dans un combat sans merci, raconta ce que sa grand-mère lui avait révélé. La petite Mei Hua, même après avoir vu la photo cachée, n'avait rien pu imaginer de tel et restait muette.

« Tu sais, j'ai dit à ma grand-mère que, au fond, c'était pas une si mauvaise nouvelle que ça ! Que c'était même une bonne nouvelle...

— Ah... Mais pour ta mère, tu te rends compte !... Et qu'est-ce qu'elle dira quand elle saura que tu es au courant... Tu imagines ?

---

1. Dynastie régnante entre le XIVe et le XVIIe siècle.

— Je crois qu'on sera pas pressées de lui apprendre...

— C'est vrai que, ta mère, tu lui as jamais parlé beaucoup, et elle non plus d'ailleurs. C'est ta grand-mère qui t'a élevée... C'est à elle que tu te confies. Ça a toujours été comme ça, hein ?

— Seulement maintenant, je sais, tu comprends, ça change tout ! »

Sur l'écran, la bande de traîtres venait de faire irruption dans le monastère où s'était réfugié le héros trahi, et le tissu des robes de moines claquait au vent de la bagarre finale. Les deux amies mangèrent quelques-unes des mandarines qui étaient disposées dans une assiette, sur la table basse. Enfin, l'atmosphère entre elles se détendait !

Yu Mei n'avait cependant rien raconté de l'univers qu'elle avait découvert grâce à Brin d'Herbe

« Il faut que je m'en aille, dit-elle.

— Je te raccompagne à mi-chemin. »

Les gants, le bonnet, l'écharpe sur la bouche, les voilà équipées. Il avait fait six degrés en dessous de zéro ce matin. Dans la rue, elles s'étonnèrent d'une fille qui descendait d'un taxi avec des chaussures fines à talon. Comment faisait-elle pour ne pas mourir de froid ? Comment mettre deux épaisseurs de chaussettes dans des chaussures comme celles-là ? Quant à elles, elles étaient condamnées, pendant l'hiver, aux chaussures de sport ou aux énormes chaussons à l'ancienne, matelassés de bourre de coton, et aux deux épaisseurs de caleçons longs l'une sur l'autre. C'est vrai qu'elles avaient chaud, mais quel look !

Près de l'endroit où Yu Mei devait prendre son bus, les gens s'attroupaient autour d'un arbre. Elles s'approchèrent et virent une femme, à genoux sur un carton, qui baissait les yeux sur la boîte qu'elle tendait des deux mains. Elle portait autour du cou une pancarte sur laquelle on pouvait lire :

Si mon enfant n'est pas opéré, il va mourir. L'hôpital réclame huit mille yuans[1] *pour l'opération. La famille n'a pu réunir que quatre mille trois cents yuans. Aidez-nous, je vous en supplie, sinon il va mourir !*

Elle portait des vêtements matelassés campagnards, et elle devait être là depuis des heures et des heures. Des larmes avaient creusé, en séchant, des sillons clairs sur son visage sali.

1. Un yuan vaut environ soixante-quinze centimes.

« Tu crois qu'elle arrivera à réunir la somme ? »

Et en posant cette question, Yu Mei se demanda si son amie, face à un problème comme celui-là, pensait que c'était mieux de ne rien réclamer, de s'écraser... puisque, dans ce cas, la résignation signifiait la mort !

À l'arrêt du bus, Mei Hua, revenant aux problèmes de son amie, lui dit combien elle était heureuse de pouvoir de nouveau lui parler, et puis elle ajouta :

« Ce que tu as appris, l'existence de ton père et de son fils... tu dois y penser beaucoup ?

— Bien sûr. J'imagine que je vais y penser tout le temps, jusqu'à ce que je sois adulte, que je gagne de l'argent, et que je sois capable d'aller toute seule là-bas pour les voir !

— Tout ce temps-là, tu vas attendre ?

— Qu'est-ce que tu veux que je fasse d'autre ? C'est pas ma mère qui m'aidera... Et ma grand-mère n'a pas d'argent ! Toutes les nuits j'y pense. Hier, j'ai fait un rêve très bizarre : mon petit frère avait tellement grandi que c'était un vieillard quand je faisais sa connaissance. Moi, j'avais à peu près l'âge de maintenant, et lui, il était tout voûté et tout ridé ! Ce que je me dis, depuis quelques nuits : je dois trouver un moyen de prévenir mon père que je sais qu'il est vivant et que je veux un jour le rencontrer...

— Tu as la vie devant toi... Tu trouveras ! »

Le lendemain, à la sortie des cours, Brin d'Herbe était sur le trottoir en face de l'école, discrètement. Yu Mei traversa vers la petite ruelle de côté et le suivit dans un endroit plus tranquille.

« Demain, tu n'as pas école ? Je t'emmène voir le Taoïste !

— J'ai aussi plein de choses à te raconter...

— Ce soir, j'ai pas le temps. J'aide deux types à transporter une cargaison de ferraille très lourde. Ils m'attendent un quart d'heure avec la charrette, sur l'avenue Jian Guo Men. J'y retourne, vite. Dis-moi juste où tu veux que je vienne te chercher.

— J'ai pas envie que tu viennes chez moi...

— Tu vois, je te l'avais dit que je serais mal vu.

— C'est pas ça !... Tu connais pas ma grand-mère, elle te ferait raconter toute ton enfance !

— Elle pourrait toujours essayer !

— Bon, écoute, on va plutôt se retrouver derrière le marché libre de mon quartier. »

Et elle lui expliqua comment y accéder.

Par chance, dans le grand magasin où travaillait la mère de Yu Mei, les employés avaient la charge de faire, ce week-end-là, l'inventaire, en heures supplémentaires. Pas question, donc, pour elle, d'accueillir sa fille.

Brin d'Herbe arriva au rendez-vous à vélo – ce que Yu Mei n'avait pas prévu. C'est vrai qu'il n'y avait pas de bus pour venir de là-bas !

« Je sais bien qu'il fait trop froid pour que tu fasses du vélo. On va bien trouver un endroit où je pourrai le laisser sans qu'on me le vole... »

Mais Yu Mei était vexée.

« Je suis pas en sucre. Je peux bien aller chercher le mien !

— Laisse tomber. J'ai pas d'autre moyen de venir, c'est tout ! Et puis, regarde, je suis équipé, moi ! »

En effet, il avait une allure singulière, emmitouflé comme il l'était dans une capote militaire beaucoup trop grande pour lui. L'énorme manteau kaki matelassé avait simplement été raccourci en longueur et aux manches, mais partout ailleurs, il restait trop grand. Elle observa qu'une fois de plus, il ne se plaignait pas, et cela la toucha.

« Ton vélo, on va le mettre tout simplement en bas de mon immeuble, avec son antivol attaché à la rampe. »

Elle espérait qu'ils ne rencontreraient personne.

« J'imagine que les vélos ça se vole bien, ici aussi ! dit-il.

— Tu parles ! Au moins une fois par semaine, on

entend dire qu'il y a eu un vol de vélo dans le pâté de maisons... Il paraît qu'il y a un vrai trafic avec ces vélos volés, revendus moitié prix, que tout le monde est au courant et s'y fournit parce que c'est moins cher. Un numéro de téléphone circule de bouche à oreille... Il n'y a qu'à appeler et tu peux avoir le modèle que tu veux ! D'ailleurs, on dit toujours que c'est les travailleurs migrants, venus de la province pour chercher du travail à Pékin, qui font ce commerce.

— On nous met tout sur le dos ! N'empêche que les Pékinois sont bien contents de nous trouver pour aller bosser sur leurs chantiers de construction, payés moitié moins que les ouvriers de la capitale, avec des horaires de folie.

— Tu en parles comme si tu en étais... D'abord t'es trop petit !

— Oui, mais c'est avec eux que je vis. Je suis venu aussi de la campagne, mais je sais pas d'où, et c'est le seul avantage que j'ai sur les autres : moi, j'ai une totale inexistence, j'ai aucun papier. Tandis que, les migrants, quand leur carte de séjour temporaire n'est plus à jour, la police peut les renvoyer dans leur campagne. Moi, il n'y a aucun endroit où ils peuvent me renvoyer ! C'est drôle, non ! »

Il se mit à rire, très fort, mais ça n'amusait pas Yu Mei.

« Eh ben, ris, c'est marrant, non, d'avoir une non-existence ! »

Est-ce qu'il n'était pas un peu fou ? se demandait Yu Mei.

« Mais tu n'as pas peur ? Si les flics t'attrapent ?

— Je fais le fier... Tu es vraiment une copine pour que je te le dise... Bien sûr que j'ai peur ! Une fois, les flics ont failli m'attraper. Il faut dire, c'était juste après la mort de mon chien : je faisais des cauchemars tout le temps, au point que j'avais peur de m'endormir, et le jour, j'étais sans espoir et je faisais n'importe quoi... J'avais souvent volé de la nourriture, mais à ce moment-là, je ne faisais même plus attention de ne pas me faire voir. C'était toujours sur le même marché libre. Des gens se sont plaints, et les flics m'ont guetté et suivi jusqu'à la décharge. Je leur ai échappé de justesse en me cachant dans une canalisation en ciment. Ils avaient juré qu'ils reviendraient me cueillir, et la “vieille mère”, à ce moment-là, m'a emmené chez le Taoïste pour qu'il me cache pendant quelque temps. Je ne le connaissais pas ; il m'a gardé plusieurs mois. C'est là qu'il a commencé à m'apprendre à lire... Tout ça pour te dire que, les flics, c'est pas mes potes. Le Taoïste prétend que, voler de la nourriture quand on a faim, c'est pas voler, mais les flics sont pas de cet avis. Dis donc, t'es devenue muette ? Je suis quelqu'un de pas recommandable, c'est ça que tu penses ?

— Pas du tout, je m'en fiche ! Simplement, je n'arrive toujours pas à comprendre comment tu as pu survivre, tout seul...

— Tout seul ? Je me sentais abandonné, ça oui... mais j'ai jamais été vraiment tout seul. Y'a plein de gens qui m'ont aidé. Et puis, pour tout t'avouer, moi aussi, je m'étonne de m'en être sorti. Maintenant, j'ai grandi, ça sera plus jamais aussi difficile. »

Ils parlaient tout en marchant, et Yu Mei avait remarqué qu'il s'était retourné plusieurs fois. Trop absorbée par leur conversation, elle n'y avait pas vraiment prêté attention. Tout à coup, Brin d'Herbe la tira par le bras à l'entrée d'un magasin dans lequel ils s'engouffrèrent si brutalement que Yu Mei faillit en perdre l'équilibre.

« Qu'est-ce qui te prend ? J'aurais pu me casser la figure !

— Désolé... Y'a quelqu'un qui nous suit depuis un moment.

— Qu'est-ce que tu racontes ?

— Un grand type avec une casquette. Il essaie de se faire discret, mais c'est plutôt visible !

— Qu'est-ce que c'est que cette histoire ? Pourquoi veux-tu que quelqu'un nous suive ?

— J'en ai aucune idée, mais je peux te dire que

quelqu'un nous suit. Attends une minute ! Comme il nous a pas vus disparaître, on va le laisser nous dépasser et je pourrai te le montrer. »

Brin d'Herbe jeta un coup d'œil dehors et fit signe à Yu Mei de sortir. Il lui chuchota :

« Adossé à l'arbre, vers la moto en stationnement, qui fume avec l'air de s'en foutre, mais qui regarde dans tous les sens parce qu'il nous a perdus de vue... c'est lui ! »

C'était un type tout ce qu'il y avait de banal, habillé plutôt pauvrement. Pas quelqu'un de la ville.

« Jamais vu, ce type-là ! dit-elle.

— Moins fort. Moi non plus, je l'ai jamais vu. On va le dépasser tranquillement. Surtout, ne le regarde plus. Parlons comme si de rien n'était. »

En effet, l'homme se remit à les suivre. Yu Mei n'avait aucune expérience de ce genre de situation, mais le garçon, lui, savait ce que c'était que de se cacher pour échapper à quelqu'un. L'ennui, c'était qu'ils ne devinaient ni l'un ni l'autre la moindre raison à cette filature.

« S'il continue, je vais lui casser la gueule !

— Ça va pas, non ?

— Ça te fait rien, à toi, d'être suivie ? C'est pas un pro, ça se voit tout de suite. Si c'était un mafieux, il serait plus discret ! »

Ils devaient ensuite passer par une ruelle qui était

un marché libre de vêtements. Le passage, encore rétréci par les étals, les auvents et toute la marchandise suspendue, était vraiment étroit.

« C'est l'endroit idéal pour le coincer ; je veux en avoir le cœur net », dit Brin d'Herbe.

Ils entrèrent dans la ruelle à vive allure, puis, vite cernés par une foule très dense, ils ralentirent tout à coup – ce que n'avait pas prévu le suiveur, qui se retrouva carrément sur leurs talons. Leur stratagème avait réussi : l'adolescent fit volte-face et se jeta brutalement sur le type à la casquette. Malgré leur différence de taille, il le maintenait fermement.

« Qu'est-ce que t'as à nous suivre ? Qu'est-ce qu'on t'a fait ? »

L'homme était rouge de confusion, dans un état proche de la panique.

« Je vous connais pas ! Je... me promène... »

Il bafouillait, puis il se cabra violemment et, jetant ses bras en l'air de toutes ses forces pour échapper à l'étreinte de Brin d'Herbe, il heurta de plein fouet une tringle suspendue en hauteur, qui s'effondra sur leur tête. Les manteaux en fausse fourrure qui y étaient suspendus s'abattirent sur la foule. Il y eut des cris, des piétinements, et un bruit de pas de course. Le suiveur s'était enfui, mais la vendeuse hurlait en se tenant la tête. La tringle, en tombant, l'avait écorchée à l'arcade sourcilière, et elle saignait.

« Qu'est-ce que j'ai ? Qu'est-ce que j'ai ? »

Comme par magie, la foule avait disparu. Seuls les deux adolescents ramassaient les manteaux en fausse panthère, et c'est à eux qu'elle s'adressait :

« Y'a pas de miroir, ici... Je peux même pas voir ce que j'ai ! *Aya, aya !* Et mes vêtements par terre !... Et l'autre qui est jamais là quand y'a besoin ! *Aya, aya !* »

Un filet de sang passait entre les doigts de la main qu'elle portait à sa tempe. Il fallait l'accompagner à l'hôpital.

« Vous avez de l'argent pour le taxi ? » demanda le garçon.

Elle fit oui de la tête et semblait si paniquée qu'elle se contenta de crier à l'échoppe voisine de surveiller sa boutique et suivit Brin d'Herbe. Yu Mei la soutenait, le cœur battant.

« Qu'est-ce que j'ai ? Dis-moi la vérité ? Je suis défigurée, hein, c'est ça ?

— Pas du tout, c'est juste une coupure à la hauteur du sourcil, mais qu'est-ce que ça saigne, vite, vite ! »

À dire vrai, elle n'était pas rassurée non plus. Sur les quelques mouchoirs en papier qu'ils avaient pu réunir, la tache rouge s'élargissait.

Au bout de la ruelle, ils trouvèrent tout de suite un de ces minuscules minibus que les Pékinois appellent des « voitures pain », à cause de leur forme en pain de mie, et qui sont les taxis les moins chers. Il avait l'air aussi déglingué que les autres, mais le siège arrière était recouvert d'une serviette-éponge flambant neuve. Ils s'installèrent et donnèrent leur destination au chauffeur, qui ne semblait pas du genre bileux. Tantôt il se curait les dents, tantôt il admirait son reflet dans la glace, remettant en place ses cheveux permanentés. La radio crachotait la fin de cette stupide chanson qu'on entendait partout : *« ... Une nuit sans larmes... C'est le paradis ! C'est le paradis ! »*[1] La vendeuse, plus épuisée des gémissements qu'elle poussait que de sa blessure, n'avait pas réussi à attirer l'attention du chauffeur. Au feu rouge suivant, il se carra devant le rétroviseur pour s'enlever un point noir sur le menton. C'est alors qu'il regarda à l'arrière et s'aperçut que quelque chose clochait dans son petit univers... Oui, derrière, dans son taxi, il y avait une jeune femme blessée qui saignait abondamment. Il freina brusquement, se retourna furieux en vociférant :

« J'emmène pas quelqu'un qui saigne, qui va salir tout mon taxi ! »

Il se gara sur le bas-côté et descendit pour les faire sortir. Il n'avait rien à faire de leurs protestations et

---

1. Chanson de Jeff Chang.

aurait usé de la force s'ils n'avaient pas, finalement, accepté de descendre. Le portrait de Mao se balançait sous le rétroviseur quand le taxi démarra en trombe, les laissant là, sur le bas-côté d'un endroit interdit aux piétons. La vendeuse avait retrouvé de l'énergie pour insulter le chauffeur :

« Sale chien ! Que tous les morts de ta famille s'entassent dans un seul cercueil ![1] »

Mais le taxi était déjà loin, et elle se mit à pleurer...

Une vieille dame, poussant sur la chaussée une vétuste poussette en bambou et qui avait assisté à toute la scène, s'approcha et leur dit qu'il y avait un dispensaire juste avant le pont qui menait au périphérique.

« Vous y serez en deux minutes, mais ne traversez pas ici, vous vous feriez renverser. Il faut passer sous la bretelle d'accès, et c'est tout de suite à gauche. »

C'était moins bien que l'hôpital, mais cela suffisait pour quelques points de suture. Les marchands de vêtements gagnant très bien leur vie, la jeune femme ne se plaignit pas d'avoir à payer les soins du dispensaire, tant elle était heureuse de n'être pas défigurée.

---

1. Ce qui, en Chine, est une insulte terrifiante.

Avec tout ça, ils n'étaient pas encore montés dans le bus qui devait les mener à l'usine où vivait le Taoïste. Ils avaient voulu faire à pied la première partie du trajet pour ne pas avoir à changer de bus, mais ça ne leur avait pas fait gagner du temps ! Pour rattraper un peu du temps perdu, ils se mirent à courir jusqu'à l'arrêt, où Yu Mei, qui avait un point de côté, dut s'accroupir pour reprendre son souffle.

« J'arrête pas de penser à ce type qui nous suivait..., lui dit Brin d'Herbe. Qui tu crois que ça peut être ? »

Encore essoufflée, elle éclata de rire :

« Moi j'ai jamais rien eu à voir avec aucun trafic... Comment veux-tu que je sache ? Ce type, il te suivait toi, c'est sûr ! Et tu me demandes si je sais qui c'est !

— T'as l'air de trouver que je trempe dans des trucs louches... Je vis grâce à des petits boulots pas très reluisants, mais ils sont clairs. J'ai jamais voulu travailler pour des truands... C'est aussi pour ça que j'ai laissé tomber ma patronne, la garce à mobylette, parce que, elle, ses affaires étaient plutôt douteuses. C'est vrai que ça gagne bien de revendre des CD-Rom piratés, mais maintenant, c'est trop risqué. Les flics ont failli m'avoir une fois, ça m'a suffi.

— La bande de ton ancienne patronne, elle pourrait pas te faire suivre ?

— Tu rigoles ! Pourquoi faire ? Ils me méprisent bien trop. Pour eux, je suis exactement comme une feuille morte ou un brin de paille. J'existe pas ! Ma patronne, d'ailleurs, un jour, m'avait dit que je portais bien mon nom, et je n'avais pas tout de suite compris ce qu'elle voulait dire ! Après ça, j'ai commencé à plus aimer mon nom ! C'est pourtant la seule chose qui me reste de ma vie d'avant !... »

Le bus n'arrivait toujours pas.

« Mais, au fait, c'est quoi que tu avais à me raconter ? Tu m'as dit l'autre jour... »

Avec toutes les émotions de cette journée, elle ne lui avait toujours pas raconté la découverte dans la pendule cassée. Mis au courant, Brin d'Herbe n'en revenait pas... Comme les choses étaient compliquées ! Pourquoi les relations entre les gens étaient-elles parfois si douloureuses, entachées de choses qu'on ne pouvait ou qu'on ne voulait pas dire ?

Dans le bus, ils continuèrent à voix basse leur conversation :

« Toi aussi, il y a des choses que tu ne veux pas dire... »

Elle s'était lancée, regrettant un peu, une fois que les mots furent prononcés.

« Non, c'est pas vrai !

— Si ! Tu ne veux pas parler de quand tu étais tout petit...

— Tu trouves que je ne t'en ai pas assez dit ? J'avais jamais discuté de ça avec quelqu'un de mon âge... Tu sais ça ?

— Mais moi je veux dire *avant* tout ce que tu m'as raconté... Tu as dit que tu venais de la campagne, hein ?

— Si je t'ai rien dit de plus, c'est que je peux pas.

— Tu peux pas ?

— Parce que je sais pas, tiens ! JE SAIS PAS ! »

Et il s'était mis presque à crier, attirant l'attention des passagers du bus. Yu Mci rougit ct tourna la tête vers la vitre. Dehors, devant un camion de loterie, un homme haranguait les passants attroupés et leur montrait, sur le toit du véhicule, l'ordinateur qui serait attribué au gagnant.

Yu Mei se taisait et continuait à regarder la foule.

« Comment Brin d'Herbe a-t-il atterri ici, songeait-elle. Il n'a tout de même pas été lâché par une cigogne ! S'il s'était enfui de chez lui, il le saurait... mais non, c'est vrai, il a dit que, très petit, il était déjà près de la montagne d'ordures... »

Elle avait encore son air boudeur quand ils arrivèrent à leur destination.

Ils eurent peu à marcher avant de se retrouver,

dans une ruelle, devant un haut portail de fer. Brin d'Herbe se taisait mais se mit à cogner du poing la tôle qui résonna comme un gong. Ils durent attendre un peu, avant d'entendre le pas de quelqu'un qui, de l'autre côté, demanda :

« Qui c'est ? »

Le garçon répondit seulement :

« C'est moi ! » et la lourde porte s'ouvrit en grinçant, tirée par un drôle de bonhomme avec une barbe de huit jours et des vêtements de coton noir comme plus personne n'en portait en ville.

Sans un mot, il les précéda, traversant une cour où du charbon était entreposé en un énorme tas. Ils atteignirent un petit bâtiment devant lequel des kakis étaient mis à sécher, sur une natte. Cela faisait une magnifique tache orange, au milieu de la grisaille.

« C'est sa récolte ! » dit Brin d'Herbe en montrant du menton les deux plaqueminiers[1] de la cour, qui, sans leurs feuilles, avaient triste allure.

En pénétrant dans l'unique pièce qui servait aussi bien de chambre que de bureau, Yu Mei reconnut la description de son ami : « Des livres partout ! » Il y en avait littéralement du sol au plafond, sauf devant les deux portes et sur un mur couvert de

1. Plaqueminier : arbre qui donne les kakis.

peintures, accrochées pour la plupart avec des punaises. Une grande calligraphie était seule montée sur rouleaux. L'adolescente la trouvait très belle sans réussir à comprendre le sens des deux caractères représentés[1]. Le Taoïste vit qu'elle essayait de déchiffrer et il prononça ces deux mots :

« Vision dans l'obscur. »

Yu Mei, guère plus avancée, se contenta de sourire.

Il régnait dans cette pièce une atmosphère très spéciale et, quand tous les trois eurent trouvé un endroit pour s'asseoir, Brin d'Herbe raconta ce qui s'était passé : l'inconnu qui les avait suivis, la poursuite dans le marché aux vêtements, la vendeuse éjectée du taxi par le chauffeur, et aussi, pêle-mêle, la photo déchirée retrouvée dans la pendule et tout le reste, dont apparemment le vieux monsieur savait déjà une partie. Yu Mei l'observait : il fumait, les yeux presque fermés, pareils à deux petites fentes. Elle s'attendait à ce qu'il donne un avis éclairé, mais il dit simplement, après un moment de silence :

« Il m'a dit que vous étiez amis. »

Puis il se leva pour tisonner le poêle, y rajouta une

---

1. La calligraphie fait de l'écriture un dessin, une œuvre d'art unique. Quand l'artiste maîtrise suffisamment la technique, le mouvement qu'il fait en traçant un signe est plus important que sa forme exacte, et le caractère est parfois difficile à reconnaître.

de ces galettes de charbon moulées, et posa dessus une grosse bouilloire noircie par les flammes. Ensuite, il sortit dans la cour et revint avec deux kakis bien mûrs, qu'il décalotta soigneusement, comme on ouvre un œuf à la coque, et en donna un à chacun. Ils se régalèrent, à la petite cuillère, de cette chair devenue, grâce au froid et au soleil, comme de la confiture.

« Petit Singe, va donc acheter un cornet de graines de tournesol au coin de la rue. Prends un yuan dans le pot bleu et blanc. »

Brin d'Herbe ne se le fit pas dire deux fois. La bouilloire ronronnait.

« Pourquoi vous l'appelez Petit Singe ? »

Le vieux bonhomme avait l'air de dormir ; en tout cas, il ne répondit pas.

Tout à coup, comme en écho au ronron de la bouilloire, on entendit les stridulations d'un grillon.

« Tiens ! Tu te réveilles, toi !

— C'est parce qu'il a renoncé à apprendre à lire avec vous ?

— Il n'a pas renoncé à apprendre à lire. C'est moi qui ai eu tort. J'ai exigé beaucoup trop de lui. Quand ce sera le moment, il reprendra. »

Sur ces mots énigmatiques, il se leva et apporta sous la lampe la boîte en terre cuite qui contenait le grillon. Il enleva le couvercle et découpa des petites lamelles de peau de kaki qu'il plaça dans la minuscule mangeoire de porcelaine qui se trouvait à l'intérieur. Yu Mei rit de la disproportion de ses doigts énormes, mais ils étaient agiles et elle se rappela qu'il était peintre.

Elle s'approcha des montagnes de livres. Malgré le silence, elle ne se sentait pas mal à l'aise. Elle avait envie de tout regarder. Et puis, sans qu'elle ait posé aucune question, le Taoïste se mit à lui parler :

« Rappelle-toi que Brin d'Herbe est quelqu'un qui s'étonne d'être vivant tous les matins. »

Pour nourrir le grillon, il avait chaussé des lunettes à large monture ronde de laiton qui le faisaient ressembler à un hibou.

« Il ne se souvient pas comment il a atterri ici. Il a sans doute été perdu par un parent... Il ne peut pas te raconter son histoire, parce qu'il n'en a pas. Les migrants qui l'ont amené avec eux dans le quartier de la montagne d'ordures l'avaient trouvé errant, affamé, à la gare. Lui, il a été longtemps obsédé par l'idée qu'il avait été volontairement abandonné. Je lui ai dit que je ne le pensais pas, parce qu'il avait la chance de ne pas être une fille[1].

1. À la campagne, être un garçon, c'est une chance. Les paysans veulent à tout prix avoir un fils, parce que ce sont les garçons qui perpétuent le culte des ancêtres. Ils prennent aussi en charge leurs parents quand ils sont âgés. Compte tenu de la limi-

Mais, pratiquement, ça ne changeait pas grand-chose. C'était son destin, et il fallait qu'il l'accepte. Il a mis très, très longtemps... Je crois qu'il l'a à peu près accepté, maintenant. Alors, tu vois, même apprendre à lire, il ne pouvait pas le faire en même temps... Ça faisait trop de choses à la fois. »

Voilà un adulte qui lui parlait de choses importantes sans penser qu'elle était trop jeune... Yu Mei ne se souvenait pas avoir côtoyé une grande personne à qui elle avait autant envie de poser des questions, tout un tas de questions. Mais la porte s'ouvrit brutalement et Brin d'Herbe rentra essoufflé.

« J'ai voulu vérifier la qualité : j'ai déplié le cornet de papier journal et j'ai trouvé une graine moisie. Le marchand était furieux, il ne voulait plus m'en vendre ! J'ai dû aller jusqu'à l'épicerie du grand carrefour ! »

Il riait, content de lui.

Le thé était prêt et chacun se mit à croquer des graines de tournesol. Le vieil homme en décortiqua une pour le grillon qui s'arrêta de chanter, et on entendit les mastications de ses mandibules.

Yu Mei songeait qu'en quelques jours elle avait

---

tation des naissances (appliquée avec plus ou moins de rigueur selon les zones), il n'est pas rare que des bébés filles soient abandonnés, les parents désirant encore tenter d'avoir un garçon.

découvert plus de choses que pendant tout le reste de sa vie. Elle se sentait quelqu'un d'étrangement nouveau.

Elle s'attendait à ce que le Taoïste lui parle de son père... mais il n'en fut rien. Elle observa qu'il n'avait pas du tout l'air fâché avec Brin d'Herbe. Mis à part le fait qu'il l'appelait Petit Singe, de manière d'ailleurs affectueuse, il semblait envers lui respectueux et très attentif. Elle se souvint de ce qu'il lui avait dit pendant qu'il était allé acheter les graines de tournesol : « Quand ce sera le moment, il s'y remettra ! »

Les choses se faisaient quand c'était le moment... Quand ce serait le moment, pour elle, elle irait voir son père... Elle parviendrait à le retrouver !

Au-dehors de ce petit univers clos, qui sentait les vieux papiers, les pommes séchées et la poussière de charbon, dans le monde grouillant de la grande ville, le soleil descendait à l'ouest.

« Je vous chasse pour aujourd'hui ! » dit soudain le Taoïste en se levant.

Son visage était emprunt de douceur, derrière sa barbe de huit jours. Il ajouta :

« Revenez quand vous voudrez ! »

Il se racla la gorge et, les précédant, sortit cracher dans la cour, sur le tas de charbon.

« Il a rien dit de spécial cette fois », remarqua Brin d'Herbe quand ils se retrouvèrent dans la rue.

Et il ajouta :

« Avec lui, on sait jamais !

— De toute façon, c'est quelqu'un de pas ordinaire... Et on se sent bien chez lui. »

En rejoignant l'avenue pour prendre le bus, le froid mordant leur fit presser le pas. Yu Mei avait remonté jusqu'au nez son écharpe de laine, et Brin d'Herbe avait relevé le col de son manteau militaire et abaissé les oreilles de sa chapka fourrée. Assis au bord du trottoir, deux jeunes menuisiers, à peine plus âgés qu'eux, les regardaient s'approcher, leur tendant des échantillons de contreplaqué. Ils annonçaient avec un fort accent de la campagne qu'ils pouvaient réparer n'importe quel meuble et fabriquer des étagères. Ils portaient chacun sur le dos une grande scie et un sac en toile d'où dépassaient des manches d'outils. Encore des jeunes qui tentaient leur chance dans la grande ville ! Les ayant dépassés, ils continuèrent à les entendre, derrière eux, répéter aux passants :

« Réparations en tout genre ! Il faut penser à remettre la maison en état avant le Nouvel An ! Travail pas cher, de qualité ! »

Quand ils se séparèrent, en bas de l'escalier, Yu

Mei était fourbue. Mais elle n'en avait pas encore fini avec les émotions de la journée !...

En entrant dans l'appartement, elle eut la surprise d'y trouver sa mère, habillée de manière élégante, sans fantaisie, comme toujours, mais beaucoup plus maquillée qu'à l'ordinaire. Crispée, elle tournait autour de la vieille dame, assise, qui reprisait une chaussette, enfilée sur une ampoule électrique.

« Maman ! Qu'est-ce qui se passe ? s'enquit Yu Mei, étonnée qu'on ne se précipite pas pour lui demander des comptes sur son après-midi.

— C'est curieux que je vienne voir ma fille et ma mère ? riposta-t-elle, sans parvenir à être naturelle.

— Elle était en train de gronder sa mère, tu vois ! dit la grand-mère un peu moqueuse, en regardant par-dessus ses lunettes.

— Ta grand-mère n'a pas assez de te nourrir, il faut encore qu'elle nourrisse les cantonniers de la ville !

— C'est pas les cantonniers de la ville, répliqua l'accusée, souriant toujours, c'est les petits gars qui creusent la canalisation du gaz dans le quartier depuis des mois. On les connaît, tu penses, Yu Mei et moi, à les voir suer, avec leur pioche, tous les jours ! Ils ont pris du retard à cause des pluies de cet automne, et comme il faut absolument qu'ils aient fini avant le Nouvel An chinois, eh bien, ils font des heures supplémentaires.

— Alors, tu leur fais à manger ? demanda Yu Mei qui riait carrément d'imaginer sa grand-mère en cantinière de la rue.

— Mais non ! Simplement, je les ai vus tout à l'heure manger leur barquette de riz froid avec quelques morceaux de légumes en saumure... Leur allocation-nourriture est si basse qu'ils m'ont dit que c'était tout ce qu'ils pouvaient se payer. »

Et les gestes de ses mains, à eux seuls, étaient parlants...

« J'ai pensé que c'était pas possible, par un froid pareil, qu'ils continuent à travailler plusieurs heures avec rien de chaud dans le ventre, et je suis montée leur faire une marmite de bouillon...

— Toujours est-il que, quand je suis arrivée, interrompit la mère, catégorique, elle était en bas à leur distribuer sa soupe, et ils l'entouraient tous en criant, comme des enfants de la maternelle. »

La mère était exaspérée, et Yu Mei, même si cette histoire l'amusait, avait du mal à s'y intéresser vraiment. Elle répétait dans sa tête : « Maintenant, je sais, mais elle ne sait pas que je sais. » Tout haut, elle dit :

« Au fait, maman, ton inventaire ?

— On a fini assez tôt aujourd'hui pour que je

puisse venir vous voir ce soir. On continue toute la journée de demain, alors... », mais elle n'arrivait toujours pas à être naturelle.

Elle tripotait sans arrêt un petit mouchoir bleu clair, le roulant en boule d'une main dans l'autre. Yu Mei, qui avait quitté ses épaisseurs de vêtements, versa de l'eau chaude dans la cuvette émaillée et tordit une serviette de toilette dans l'eau pour se la passer sur la figure. Puis elle se lava soigneusement les mains, les bras et le cou. Enfin, elle se déchaussa, posa la cuvette par terre et se lava les pieds. Sa grand-mère continuait son raccommodage et sa mère s'agitait, faisait trois pas, allait regarder par la fenêtre, revenait s'asseoir...

« Tiens ! pourquoi la télé n'est pas allumée ? s'étonna l'adolescente, histoire de meubler le silence qui devenait pesant.

— Elle n'est pas allumée parce que j'ai à vous parler ! » dit la mère qui, visiblement, se faisait violence.

« Nous y voilà ! » songea Yu Mei, qui arrêta de se sécher les pieds, attendant la suite.

« Depuis des années, le sous-directeur du magasin où je travaille me témoigne de la sympathie. »

La grand-mère leva les yeux de son ouvrage.

« Il s'agit de l'oncle Wang[1]... Vous le connaissez... »

La vieille dame toussota. Yu Mei réfléchit :

« Celui avec qui on s'est promenées une fois en été ?

— Oui, on a fait de la barque avec lui sur le lac de Bei Hai. Eh bien, la vérité, c'est que, l'année dernière, il m'a demandée en mariage... »

Boum ! La grand-mère venait de laisser tomber l'ampoule électrique sur laquelle elle rapiéçait les chaussettes. Elle s'était cassée et c'était une perte, dans un pays où on réparait les filaments brisés des ampoules électriques. La mère ne s'arrêta pas pour si peu : on avait l'impression qu'elle avait tellement attendu que plus rien ne pouvait l'arrêter.

« Jusqu'à maintenant, j'avais dit non, mais ces dernières semaines, j'ai vu que Yu Mei grandissait, qu'elle prenait de l'indépendance, j'ai décidé de dire oui. »

La vieille dame cachait son trouble en ramassant les éclats de verre et l'adolescente restait bouche bée, sa serviette à la main.

« Ce sera juste une formalité. Il est veuf depuis longtemps, et sa fille aînée vient de se marier. Si je

1. En Chine, on appelle souvent « oncle » ou « tante » les amis des parents. Il s'agit de termes affectueux et non de liens de parenté.

me décide à aller habiter avec lui, Yu Mei, tu viendras aussi car ce sera beaucoup moins loin que là où je suis maintenant...

— Ah, ça, sûrement pas ! » l'interrompit sa fille sur un ton que la mère ne lui avait encore jamais entendu.

Et, les mâchoires serrées, elle se disait à elle-même : « Maintenant, je sais ce qu'elle voulait me cacher pour toujours ! »

Elle prit la cuvette avec rage, renversant de l'eau dans sa précipitation, et sortit, pieds nus, en claquant la porte.

« Laisse-la ! Il faut qu'elle digère la nouvelle, on aura le temps d'en reparler », dit la grand-mère qui, de toute évidence, avait elle aussi besoin de temps pour digérer la chose.

On ne percevait plus le tic-tac de la petite pendule, puisqu'elle était cassée, mais la mère ne s'en aperçut pas.

Dans la chambre, Yu Mei entendait la télévision maintenant allumée à côté. Sa décision fut vite prise. Elle remit chaussettes et chaussures, pull, manteau et écharpe, prit en hâte son sac en toile, se faufila jusqu'à l'entrée où se trouvait la petite cuisine, et chuchota à sa grand-mère qui préparait des nouilles :

« Je ne veux pas dîner avec elle. Tu lui diras ce que tu voudras.

— Mais où vas-tu ? Tu ne vas pas ressortir, avec le froid qu'il fait ?

— T'inquiète pas, je vais aller chez Mei Hua et je resterai dormir. Maintenant, il y a encore des bus ; bonsoir ! »

Et elle partit sans attendre l'avis de sa grand-mère, et sans voir qu'elle avait les larmes aux yeux en la regardant sortir.

Dehors, la nuit tombait, et il faisait si froid que les crachats gelaient, sur les trottoirs, avant même qu'on les ait piétinés. Malgré sa fatigue, Yu Mei se sentait pleine d'énergie. Elle se sentait capable de ne plus subir, même si elle ne voyait pas très clairement comment les choses allaient se passer. Sa mère, qui n'avait pas été près d'elle quand elle était petite et qui n'avait jamais su lui montrer son affection, était déjà distante avant que l'adolescente ne découvre le secret au sujet de son père. Maintenant que le contact était presque coupé entre elles deux, ce n'était sûrement pas la décision de sa mère de se remarier qui allait arranger les choses.

Elle arriva chez Mei Hua sans avoir prévenu. Ses parents recevaient un couple qui travaillait dans la même société que le père. Exportant du matériel médical, cette société envoyait souvent ses cadres à l'étranger, en particulier au Japon, d'où les invités du jour avaient rapporté le saké[1] qui accompagnait la soirée.

Son amie l'accueillit en lui disant qu'elle tombait bien ! Sans sa venue inespérée, elle aurait dû tenir compagnie aux adultes, leur apporter ci, leur apporter ça, et écouter leurs plaisanteries idiotes en se composant un visage poli !

« Demain, tu verras, on jouera sur l'ordinateur, c'est super ! »

Elles mangèrent, accroupies sur le lit de Mei Hua. Yu Mei ne raconta pas sa journée avec Brin d'Herbe. Elle parla seulement des projets de sa mère et avoua à son amie combien elle se sentait loin d'elle.

« Je regrette seulement de ne pas avoir eu le courage de lui dire quelque chose en face...

— Quoi ?

— Quand elle m'a annoncé que, si elle allait habiter avec oncle Wang, je devrais venir vivre avec eux, je lui ai répondu : "Sûrement pas !" et je suis partie, mais c'est pas ça que j'aurais dû dire ! J'aurais dû la regarder dans les yeux et lui dire : "J'aimerais mieux vivre dans un coin perdu, loin de tout, que d'aller vivre avec cet oncle que je ne

---

1. Vin de riz japonais.

connais pas... J'aimerais mieux aller vivre au fond du Xin Jiang[1] que de m'installer avec toi qui ne m'as jamais considérée comme quelqu'un d'assez important pour me dire la vérité !" Je me demande si elle aurait soutenu mon regard... »

Elles bavardèrent longtemps, puis se serrèrent sous la couette. Yu Mei, complètement épuisée, sombra la première dans un sommeil lourd.

Une porte battait quelque part... Le vent s'infiltrait sous la couette. Non, ce n'était pas le vent, c'était une main, une main aux ongles vernis de mauve qui soulevait la couette et allait la chasser de là... C'était la main de sa mère, une main crochue... Et voilà qu'elle l'avait attrapée et jetée brutalement dans un taxi où passait cette chanson à la mode : *« Deux heures et demie du matin, et tu n'es pas à côté de moi... »*

En levant la tête, elle vit que celui qui conduisait était le chauffeur qui ne voulait pas de sang sur sa banquette. « Mais pourtant, je ne saigne pas ? » songeait-elle. Et la chanson continuait : *« Une nuit sans larmes... Et c'est le paradis ! »* « Et je ne pleure pas non plus, se disait-elle. Il faut que je tienne toute la nuit sans pleurer. » De temps en temps, le chauffeur se retournait et, en fait, c'était lui qui chantait :

1. Province où est exilé son père.

« Une nuit sans larmes... », mais il ne regardait plus du tout la route et roula sans s'en apercevoir sur des peaux de panthères. Yu Mei serrait les poings, se répétant qu'elle ne devait pas pleurer, et puis ils prirent une rue très large, et sur un immense panneau publicitaire elle reconnut la calligraphie du Taoïste : *Vision dans l'obscur.* Elle demanda au chauffeur de s'arrêter, mais il roulait de plus en plus vite, et elle sut qu'elle n'allait plus pouvoir se retenir de pleurer. Et puis quelqu'un se mit à la secouer très fort, de plus en plus fort.

« Mais qu'est-ce que tu as ? »

Elle entrouvrit les yeux, éblouie par la lampe de chevet, cligna des paupières et reconnut Mei Hua. Elle avait fait un cauchemar.

« Tu pleurais en dormant ! »

Le lendemain matin, la mère de Mei Hua était en train de nettoyer la cuisine quand elles se levèrent. Les cendriers étaient pleins, et ça sentait l'alcool et la cendre froide.

« Tu aimes le lait et le pain avec de la confiture ? demanda la mère, qui sortit aussi du frigo des petits pots de gelée aux fruits de toutes les couleurs.

— C'est moderne ici, vous vivez à l'occidentale ! » dit Yu Mei pour qui ces deux notions étaient synonymes, comme pour la plupart des jeunes de son âge.

C'était aussi une réponse à la question, car comment ne pas aimer toutes ces petites choses qui venaient de « l'Ouest » développé et moderne[1] ?

« Oh, tu sais, on répète tellement, à la télé, que le lait est bon pour la santé, alors j'en achète pour Mei Hua, mais moi, il me faut ma bouillie de riz bien chaude avant de commencer la journée ! »

À la télé, justement, un chanteur, habillé en noir et gris, avec des lunettes de soleil, se trémoussait sur une plage devant une mer turquoise.

« C'est Ren Xian Pi[2] ! s'écria Mei Hua. J'ai acheté la cassette... »

Et elle se mit à chanter, son verre de lait à la main :

« Je t'en supplie ! Fais-moi un gentil clin d'œil,
câline-moi, rends-moi heureux...
J'y pense et j'y pense... Je cherche à comprendre encore et encore,
Mais le cœur des filles, vraiment,
est tellement étrange ! »

---

1. En Chine, les habitudes de consommation des gens ont beaucoup changé ces dernières années. La publicité vante désormais les qualités des produits laitiers, bénéfiques à la santé. En consommer devient synonyme de progrès et de mode de vie à l'occidentale.

2. Autre jeune chanteur taiwanais, très à la mode en Chine, dont tous les jeunes connaissent les chansons.

La semaine suivante, à l'école, parut l'annonce du concours annuel de calligraphie, qui avait toujours lieu avant les vacances du Nouvel An chinois[1]. C'était la routine, et ça barbait la majorité des élèves, qui disait le concours réservé aux « fayots ». Mais Yu Mei aimait tracer les caractères au pinceau, bien qu'elle pratiquât peu, et après avoir admiré ce qu'elle avait vu chez le Taoïste, elle eut envie de s'inscrire. À la récréation, elle chercha Mei Hua qu'elle voulait entraîner à tenter sa chance avec elle, mais ne la trouva pas. Pourtant, elle était là à l'appel du matin. Dernier endroit où elle pouvait être : les toilettes. Ce n'était pas un endroit agréable, et chacun ne s'y rendait qu'en cas d'absolue nécessité, à cause du froid, des mauvaises odeurs tenaces et de la bousculade. Son amie y était pourtant, elle la vit tout de suite de dos. Elle crut qu'elle se séchait les mains sur son mouchoir, mais non, elle restait là, immobile, et... elle pleurait.

« Qu'est-ce que tu as ? »

Elle ne répondit pas, se contentant de renifler et de tamponner ses yeux dans un désespoir silencieux.

Yu Mei tentait de la réconforter, mais elle avait

1. Le Nouvel An chinois n'est pas, comme le nôtre, le 1er janvier. Il est calculé en fonction de la Lune et varie chaque année, entre fin janvier et fin février. Il marque le début du printemps selon le calendrier traditionnel paysan.

besoin de savoir ce qui se passait, et le temps pressait, car la reprise des cours allait bientôt sonner... Appuyée sur un radiateur, Mei Hua lâcha enfin ces mots :

« C'était mon anniversaire ! »

« Flûte ! se dit son amie. C'était son anniversaire, et je ne le savais pas ! J'étais chez elle samedi soir, et je ne lui ai même pas apporté un petit cadeau... »

« Je ne te l'ai pas souhaité ? dit Yu Mei. C'est ça ?

— Pas du tout ! »

Et elle se mit à pleurer de plus en plus fort.

« Alors, quoi ?

— Mes parents... Mes parents...

— Quoi, tes parents ? Qu'est-ce qu'ils ont fait, tes parents ?

— Ils m'ont offert un orgue électronique ! »

C'était un vrai désespoir. Yu Mei sentait que quelque chose lui échappait...

« Et alors ?

— Alors, moi j'espérais qu'un jour, ils m'offriraient un vrai piano, tu comprends. Un vrai, pour que je puisse apprendre autrement que sur un clavier en carton... Si c'était trop cher, ça pouvait attendre l'année prochaine. Mais... Mais ils n'ont rien compris ! Ils m'ont dit qu'il fallait vivre avec son temps ! »

Elle sanglotait.

Yu Mei, avec ses soucis du moment, avait du mal à entrer dans l'histoire.

« Comment ? Tu veux dire que c'est pas assez bien, un orgue électronique ? Mais ça coûte très cher !

— Tu comprends pas... Tu trouves que je suis très gâtée, c'est vrai, mes parents m'achètent sans arrêt des tas de choses. Mais c'est n'importe quoi, tu comprends ? Je trouve qu'ils gaspillent leur argent ! Pourquoi ils ne m'écoutent pas ? Moi, je veux être une vraie musicienne, mais eux ils disent que c'est pas une vraie vie, qu'il faut faire du commerce, avoir des relations, gagner beaucoup d'argent... »

Elle reniflait, roulait son mouchoir en boule, et son amie ne disait rien.

« Ils estiment qu'avec l'orgue élcctronique, je pourrai avoir tout un orchestre derrière ou jouer avec le son d'une guitare ! Mais moi, c'cst un piano que je voulais ! »

Et la petite Mei Hua, d'ordinaire si calme et si souriante, donnait maintenant des coups de pied dans le radiateur en répétant avec rage :

« Un piano ! Un vrai piano, tu comprends ! »

La voix acide de la surveillante se fit entendre au bout du couloir :

« Qui c'est qui tape ? Qui dégrade le matériel ? »

Heureusement, la sonnerie leur évita ses remontrances. Dans le flot des élèves qui regagnaient les salles de classe, Mei Hua ajouta :

« C'est sûr, maintenant, je serai jamais une vraie pianiste ! »

Mais Yu Mei ne put rien lui répondre, car le professeur entrait.

Après les cours, elle ne réussit pas à convaincre son amie de s'inscrire au concours. Elle était trop triste et ne pensait qu'à son piano. Yu Mei n'écrivit donc que son nom sur la liste de papier rouge, affichée à l'entrée de l'école. Elle avait dû aussi – c'était obligatoire – prendre un exemplaire du règlement du concours. Cela l'avait retardée, et quand elle sortit dans la rue, la majorité des élèves s'étaient dispersés, et Mei Hua, qu'elle aurait aimé voir, était partie.

Sur le trottoir, de l'autre côté, raide et pâle comme la mort, Brin d'Herbe l'attendait.

Elle vit tout de suite qu'il se passait quelque chose, mais elle n'eut pas le temps de lui poser une question.

« J'allais partir chez toi, j'avais peur de t'avoir manquée. Il faut que tu m'aides ! Il est arrivé malheur à la "vieille mère"...

— Quoi ? Qu'est-ce qui est arrivé ?

— C'est affreux, elle s'est renversé de l'eau bouillante sur la jambe... Elle souffre et je ne sais pas quoi faire ! Je suis seul avec elle, les autres migrants[1] sont repartis à la campagne pour le Nouvel An. Il faut que tu m'aides ! Absolument ! »

Ses yeux rouges, à la pupille dilatée, se firent suppliants. Sans lui laisser le temps de répondre, comme s'il avait peur qu'elle ne sache pas quoi faire, elle non plus, il continua :

« Tu dois m'aider ! Il faut faire quelque chose ! Vite !

— Je sais pas, moi... Allons dans une pharmacie. Qu'est-ce qui s'est passé ?

— Je rentrais, je l'ai entendue crier... Je l'ai trouvée par terre. Elle m'a demandé de l'aider à remonter sa jambe de pantalon, pour dégager la brûlure... Je tremblais, j'étais capable de rien d'autre... Je lui ai mis un oreiller sous la tête et je lui ai dit que j'allais chercher de l'aide... »

1. On appelle « migrants » des gens venus de la campagne, où la vie est parfois trop difficile. Arrivant en ville, ils payent en principe une taxe pour avoir le droit d'y travailler quelque temps. Logés dans des conditions terrifiantes, ils sont prêts à accepter n'importe quel travail pour vivre. Ils sont exploités par tout le monde, et mal aimés. Ils envoient souvent une grande partie de ce qu'ils gagnent à leur famille, et retournent la voir pour le Nouvel An chinois, seules vacances officielles pour tous.

Dans la boutique où ils se rendirent, le pharmacien les écouta, mais il voulait en savoir plus.

« C'est d'un médecin dont elle aurait besoin. Il faudrait l'emmener à l'hôpital. Si elle souffre beaucoup, on pourrait lui faire une piqûre. Et puis, soigner une brûlure, ça ne s'improvise pas...

— Elle ne peut pas aller à l'hôpital, elle n'a pas d'argent.

— Il faut lui faire un pansement stérile. Je vais vous donner de quoi, mais je crois qu'il faudra trouver l'argent pour un médecin. »

Ils se cotisèrent tous les deux pour payer et, dehors, Yu Mei demanda :

« Le Taoïste, il saurait pas faire ça ?

— C'est sûr ! s'écria le garçon soulagé. Tu vois, j'étais perdu, j'y avais même pas pensé. Il a étudié toutes les plantes qui soignent, il saura ce qu'il faut pour une brûlure. »

Pendant un instant, il s'était un peu détendu.

« Quand on a trop peur, on devient complètement idiot... J'arrivais même plus à réfléchir ! »

Yu Mei sauta sur son porte-bagages et ils se dirigèrent par les petites rues, vers l'usine où habitait le Taoïste.

Ce dernier fit en vitesse un petit baluchon et emprunta un tricycle de l'usine, de ceux qui ont une plate-forme en bois à l'arrière et qui servent à transporter aussi bien la marchandise que les malades à l'hôpital. Ils repartirent tous les trois pour le nord-est de la ville, le quartier de la montagne d'ordures.

Ils trouvèrent la « vieille mère » toujours par terre, en compagnie d'une jeune fille de la campagne, en veste à fleurs rouges, que Brin d'Herbe connaissait.

« Je passais lui dire bonjour, comme je ne suis pas partie avec les autres... pour la trouver comme ça... Mon Dieu, mon Dieu ! J'ai voulu tamponner sa jambe avec de l'eau fraîche, mais ça lui faisait trop mal ! »

La vue du Taoïste sembla la réconforter. Il prit les choses en main et fit sortir tout le monde.

La jeune paysanne partit dans sa petite chambre préparer une soupe sucrée de haricots rouges pour remonter la « vieille mère ». Yu Mei pensait à sa grand-mère qui n'était pas prévenue et qui allait se faire du souci. Brin d'Herbe tapait du pied dans les flaques d'eau gelées et elle voyait sa mâchoire crispée.

« On peut mourir d'une brûlure ? demanda-t-il soudain.

— Mais non ! Je ne crois pas que ça soit si grave que ça ! Hé, Brin d'Herbe ! »

Elle lui avait attrapé le bras et le secouait.

« Qu'est-ce qu'il y a dans ta tête ? Tu perds pas le nord, hein ? »

Enfin, la portière de tissu matelassé crasseux se souleva et le vieil homme les fit entrer dans la minuscule pièce qui servait d'entrepôt à toutes sortes de marchandises que la « vieille mère » troquait, récupérait, vendait. Elle était allongée, les yeux clos. Brin d'Herbe se précipita vers elle, s'accroupit vers le lit.

« Elle se repose ! le rassura le Taoïste, en posant sa main sur son épaule. Tu peux lui parler, elle t'entend, mais elle ne te répondra sans doute pas, car je lui ai fait prendre un calmant très fort. »

Il lui donna quelques consignes, lui dit de ne pas la quitter, de lui donner souvent à boire, et assura qu'il reviendrait le lendemain. Il annonça qu'il remmenait Yu Mei chez elle, et ajouta :

« Brin d'Herbe, quand la jeune fille apportera la soupe de haricots rouges, tu en mangeras un grand bol, c'est toi qui en as le plus besoin ! »

Ensuite, il mit sur son crâne rasé un bonnet rond, prit sa grosse veste et sortit avec Yu Mei qu'il installa sur la plate-forme du tricycle, les jambes sous une grosse couette, du même genre que celles qui protègent du gel, sur les balcons, les réserves de choux des familles pékinoises. En enfilant ses gants, il lui dit :

« Tu vois, Brin d'Herbe est encore bien fragile. C'est toujours cette fichue peur viscérale de se retrouver une fois de plus seul au monde !... »

Comme la fin de l'année approchait et, avec elle, les vacances du Nouvel An chinois, on commençait un peu partout à faire le ménage en grand, à repeindre certains murs, à trier et à ranger, bref, à faire le nettoyage annuel. Cela se faisait aussi dans les écoles où on affichait ce dont chaque classe devait s'occuper. Il fallait, par exemple, laver les chaises et les tables, enlever tout ce qu'il y avait sur les murs qui n'était pas directement nécessaire à l'enseignement, avant d'installer la nouvelle décoration printanière[1]. Yu Mei aimait bien l'excitation qui précédait les vacances[2]. Il fallait vider les placards et trier leur contenu. Presque tous les jours, les élèves devaient rester après les cours pour les corvées de nettoyage et rentraient plus tard que d'habitude. Seuls ceux qui se présentaient au concours de calligraphie étaient exemptés, pour pouvoir s'entraîner au pinceau, chose qu'ils n'avaient guère le temps de pratiquer pendant l'année. Yu Mei, elle, ne s'en fit pas dispenser.

1. Voir note *azerole*, p. 70.
2. L'année scolaire est divisée en deux semestres et commence après les vacances du Nouvel An.

Le jour du concours arriva. Les inscrits se présentèrent à l'heure dite, leur rouleau de papier sous le bras. Une table avait été attribuée à chacun dans la grande salle d'honneur de l'école. Ils y déballèrent encre et pinceaux. Le sujet était libre. Seul le format était imposé : une grande feuille de papier dit « de coton », qui boit bien l'encre. Le nombre de caractères ne devait pas excéder douze, mais généralement, les élèves choisissaient d'écrire une phrase très courte, voire un mot de deux caractères ou parfois d'un seul. Certains parents étaient venus et se tenaient au fond de la salle. Le silence était de rigueur pour ne pas gêner la concentration des élèves.

Yu Mei n'était plus tout à fait sûre d'avoir envie de concourir, mais elle était inscrite, il fallait s'exécuter. Elle avait bien, d'ailleurs, sa petite idée... mais, regardant autour d'elle les autres candidats, elle vit qu'ils avaient tous l'air de savoir où ils allaient. Les caractères qu'ils commençaient à tracer avaient sûrement été choisis en famille, voire imposés par un parent professeur, et, en vue du concours, copiés indéfiniment d'après des recueils de modèles. Pour sa part, elle aimait la calligraphie, mais n'en avait pas fait depuis plusieurs mois, et dans son entourage, personne ne l'encourageait à cela.

Quand le temps fut écoulé, le jury ramassa les feuilles et les étala sur une immense estrade aménagée à cet effet à l'avant de la salle. Les candidats et le public durent sortir pendant la délibération, puis les résultats furent proclamés, en commençant par le troisième prix. « Et voilà le premier fayot ! » songea Yu Mei en entendant le nom de la lauréate du troisième prix, qui alla chercher son titre enrubanné sous les applaudissements. Elle avait écrit *« Vers un avenir radieux »* d'une manière très passe-partout. À l'énoncé du nom du candidat qui avait gagné le deuxième prix, elle crut qu'elle avait mal entendu. Mais la directrice appela de nouveau très distinctement :

« Liu Yu Mei ! »

Il s'agissait bien d'elle... Elle s'avança jusqu'à l'estrade d'honneur, et là, la directrice prit la parole :

« Pour toi, nous avons eu un problème ! Ta calligraphie par son style et l'énergie de son trait était de loin la meilleure, mais nous n'avons pas compris ton choix : pourquoi avoir calligraphié ces mots *"Vision dans l'obscur"* ? »

Yu Mei rougit et resta la tête basse. Ce jury n'était pas du genre à qui on faisait des confidences. Un de ses membres insista pourtant :

« Où as-tu trouvé ces termes employés ensemble ? »

Sans hésiter, elle répondit :

« Dans un texte Taoïste ! »

Le professeur qui avait posé la question était visiblement embarrassé. Il y eut quelques raclements de gorge...

« Eh bien, euh... Disons que c'est une curieuse idée ! En tout cas, la prochaine fois, tâche de choisir un thème plus positif, plus moderne, tu comprends, n'est-ce pas... des mots qui ont plus de sens, et tu pourras peut-être gagner le premier prix. »

Les applaudissements furent tièdes et mêlés de rires.

Le premier prix fut remporté, dans une véritable ovation, par un garçon qui avait tracé en très gros caractères : *« Peignons le socialisme aux couleurs de la Chine. »*[1]

En rentrant chez elle, sa calligraphie sous le bras, Yu Mei se sentait légère. Du taoïsme, elle ne savait pas grand-chose, à part qu'il s'agissait d'un ensemble de pratiques pour mettre l'homme en harmonie avec l'univers, pour qu'il vive le mieux et le plus longtemps possible. Elle savait que le taoïsme avait inventé la médecine chinoise et tous les arts martiaux

1. Directive de la fin de l'ère Deng Xiao Ping, ce slogan d'une grande banalité est encore repris à la moindre occasion par les politiques.

fondés sur le souffle, mais tout cela était très vague. Pourtant, les deux mots qu'elle avait vus, sur le rouleau au mur, chez le vieil ami de Brin d'Herbe, lui avaient plu au point qu'ils étaient restés gravés dans sa mémoire. Elle se demandait si elle oserait, un jour, aller lui montrer la piètre copie qu'elle en avait faite...

Elle décida de rentrer à pied. En regardant le ciel, elle songeait qu'on disait que le Nouvel An marquait la fin de l'hiver. Sur les balcons des immeubles neufs on voyait plus d'antennes paraboliques que de pyramides de choux, dont quelques années auparavant il fallait impérativement faire provision avant l'arrivée du gel, pour pouvoir les conserver dans les meilleures conditions. C'était presque l'unique légume d'hiver, et dans les marchés d'État, non seulement il fermentait plus vite, mais son prix augmentait au fur et à mesure qu'on avançait dans la saison. Maintenant, c'était une question de niveau de vie... Ceux qui avaient une antenne parabolique avaient assez d'argent pour acheter tous les légumes frais cultivés sous serre dans les environs de Pékin, ou venant du sud. C'est pourquoi, sur les balcons, on trouvait soit le tas de choux, sous une vieille couette crasseuse, soit l'antenne parabolique !

Dans les quartiers commerçants, c'était le moment le plus animé de l'année. En effet, il fallait la commencer avec des vêtements neufs et manger, le soir du Nouvel An et les jours suivants, les mets les plus délicats, les plus chers, enfin tout ce qu'on ne pouvait pas se payer pendant le reste de l'année. Aussi c'était un déferlement de marchandises dans les magasins, les boutiques et sur les marchés, où les acheteurs prévoyants commençaient leurs provisions deux ou trois semaines avant le moment fatidique.

« Les crevettes, les belles crevettes de Tian Jin ! criait un vendeur sur le trottoir. Mais bien sûr, ajoutait-il à une cliente, dans le haut de votre frigo, là où on fait de la glace, ça se gardera jusqu'au Nouvel An ! Achetez dès maintenant ! En mer, on n'est jamais sûr d'une bonne pêche ! »

Dans leur bac en plastique, au milieu de blocs de glace grisâtre, les crevettes n'avaient pas l'air pêchées de la veille. Elles étaient pourtant très chères et partaient comme des petits pains. Plus loin, Yu Mei eut envie d'acheter des boulettes de riz glutineux farcies de sésame et de sucre, mais elle n'avait presque plus d'argent. « Si seulement les prix du concours avaient été de l'argent au lieu de ces cahiers de modèles de calligraphie ! » Elle s'éloignait quand une fille en jean, très maquillée, lui donna un petit carton rouge. Ce n'était que la publicité, en lettres dorées, d'un nouveau restaurant, avec une liste de plats recherchés dont elle ignorait complètement de quoi ils étaient faits.

On vendait, dans la rue, beaucoup d'images colorées, en vue de renouveler la décoration des intérieurs. Sur des fils tendus entre des piquets, s'étalaient, fixés avec des pinces, comme du linge mis à sécher, des rangées de calendriers avec des photos de vedettes de cinéma et de la chanson ou de mannequins en maillot de bain. Il y avait aussi des posters de paysages idylliquement trafiqués à l'ordinateur : bords de mer plantés de fleurs inouïes ou cascades turquoises dans des campagnes n'existant nulle part au monde. Dans la bousculade, chacun semblait pris d'une frénésie d'achat. Seule Yu Mei regardait tout ça d'un œil mi-intéressé, mi-distant, s'enivrant de bruits et de couleurs. C'est alors qu'elle le vit : l'homme à la casquette. Elle feuilletait un calendrier quand elle sentit un regard posé sur elle. Ses yeux n'avaient croisé les siens qu'une fraction de seconde, et il avait disparu au milieu des badauds ! Elle n'avait pas bien vu l'homme, mais elle était sûre que c'était lui. Elle avait senti dans son regard quelque chose de très particulier... Brin d'Herbe était-il dans les parages ? Elle arpenta ce petit coin de marché en long et en large pour voir s'il ne s'y trouvait pas... Mais ce fut sans résultat. Et puis soudain, elle se sentit très lasse.

Heureusement, elle avait fait la plus grande partie du chemin et elle se pressa de rentrer sans plus prêter attention à rien. Elle tournait et retournait dans sa tête une seule et unique question : « Que veut ce type ? »

Arrivée chez elle, elle avait envie de s'asseoir au chaud et de ne plus bouger quand elle entendit, avant même de la voir surgir, Mei Hua qui disait :

« Ah, te voilà enfin ! »

Joyeuse et impatiente, elle trépignait comme une toute petite fille.

« Notre prof du Conservatoire était malade, alors je suis rentrée chez moi, et sur le chemin, j'ai croisé Wei Wei qui m'a dit que tu avais gagné le deuxième prix. Je suis venue te féliciter !

— Mais tu en fais une tête ! Elle est fatiguée, hein, c'est ça ? Se concentrer pour faire de la calligraphie, c'est sûrement très fatiguant ! intervint la grand-mère.

— C'est que je suis rentrée à pied !

— Mais tu es folle ! Avec la bousculade qu'il y a en ce moment dans les rues... C'est tout juste si on peut se faufiler sans avoir son manteau taché de graisse ou de neige artificielle, ou bien imprégné d'odeurs de poisson ! Repose-toi, repose-toi !

— Et regarde ce qu'elle t'a apporté pour fêter ton prix : des boulettes de riz glutineux au sésame !

— Alors ça ! c'est exactement ce qui me faisait envie ! »

Buvant d'abord une tasse d'eau bien chaude, elles s'apprêtaient à goûter les friandises quand la grand-mère, faisant irruption, les arrêta d'une main qui tenait une petite botte d'oignons verts :

« Ah, non, attendez d'avoir mangé mes nouilles sautées ! Dans cinq minutes, ce sera prêt. »

Toutes les trois, autour de la petite table ronde, finissaient leur bol quand Mei Hua déclara sans préambule :

« Yu Mei m'a dit pour sa mère. Elle était très fâchée... »

Cette dernière lui lança un regard de reproche, mais ça ne l'empêcha pas de continuer :

« Vous n'allez pas la laisser partir, hein, grand-mère ?

— Tu sais, elle fera bien ce qu'elle voudra ! Vois comme elle te foudroie des yeux ! Je ne sais pas si elle se plaît ici, elle me parle si peu... »

La grand-mère avait le nez dans son bol et finissait d'avaler ses nouilles, mais on entendait l'émotion dans sa voix.

« Quoi, moi, je parle pas beaucoup ?

— Depuis quelque temps... c'est vrai, mon trésor... »

Elle n'en dit pas plus.

« C'est qu'elle avait surpris cette conversation entre vous et sa mère... Elle était complètement chavirée, vous comprenez... Et puis après, il y a eu cette découverte dans la pendule...

— Je sais, je sais ! l'interrompit la vieille dame. Ça a été très difficile pour tout le monde... »

Pour que sa grand-mère ne sache plus que sa petite-fille était bien avec elle, ça avait en effet dû être terrible pour elle aussi. À cet instant, Yu Mei, qui était restée silencieuse, s'en rendit compte. Elle passa le bras autour de son cou, posa la tête sur son épaule et dit :

« Je veux rester là, avec toi... C'est là que je suis bien. »

La vieille dame se dégagea promptement, se leva en emportant les bols, et on l'entendit renifler et se moucher. Elle revint avec des quartiers de pomme pelés sur une assiette.

« Puisque, la semaine prochaine, c'est les vacances, je vous emmènerai à la foire du Nouvel An au parc de l'Autel du Soleil.

— Elle a de la chance, Yu Mei, de vivre avec vous ! Moi, je suis toujours toute seule à la maison. Mes parents rentrent tard, et ils sont souvent occupés, même le week-end. »

Et puis, se tournant vers son amie, elle ajouta :

« Mais au fait, ta calligraphie, tu nous l'as pas montrée ? »

Elle alla la chercher et la déroula. Comme sa grand-mère et Mei Hua poussaient des cris d'admiration, elle les interrompit en riant :

« Ne vous fatiguez pas ! J'ai eu plus de critiques que de compliments !

— Et alors, ils ont bradé le prix, peut-être ?

— Non, mais ils ont dit que j'avais fait un mauvais choix. Il ont apprécié la forme, mais pas le fond !

— Moi, je ne comprends pas ce que ça signifie, mais c'est normal, j'ai si peu appris à lire[1] ! dit la vieille dame.

— Et moi, je vois pas trop non plus, mais en tout cas, c'est beau ! »

Et c'est comme ça que Yu Mei fut amenée, la bonne humeur régnant, à raconter d'où venaient ces deux caractères, où elle les avait vus, et comment elle avait été chez le Taoïste. Elle passa un peu vite sur certains détails, mais parla tout de même de Brin

1. L'écriture chinoise, avec ses trois ou quatre mille caractères nécessaires à la lecture d'un journal ordinaire, est un apprentissage colossal et très long. Les enfants mettent six ans à apprendre tous ces caractères. Si on ne va à l'école que quelques années, on peut donc dire qu'on sait un peu lire seulement, et on sera handicapé pour lire un texte qui sortira du vocabulaire quotidien le plus simple.

d'Herbe et de la « vieille mère ». Elle raconta, comme une découverte très récente, sa visite dans le quartier de la montagne d'ordures. Ses deux auditrices l'écoutaient bouche bée. Quand elle eut fini son récit, son amie éclata :

« Ma parole, Yu Mei, tu es cinglée !

— Mais non, ne lui dis pas ça ! » coupa la grand-mère.

Et elle alla chercher les boulettes de riz glutineux au sésame. Manger des sucreries allait les adoucir !

« Elle s'en va chez des gens qu'elle connaît même pas... Dans un quartier aussi pourri...

— Si c'est comme ça, je te raconterai plus rien et tu viendras pas te plaindre !

— Tu sais que cet endroit est un des plus dangereux de Pékin ?

— Moi, j'ai rien vu de dangereux... Que des gens qui se démerdent avec rien... !

— Mei Hua parle de l'assassinat du chauffeur de taxi, en juin dernier, il me semble... La télé avait montré l'endroit. Je crois bien que c'était justement vers une énorme décharge..., dit la grand-mère qui se voulait conciliante.

— Oui, le meurtrier avait demandé au chauffeur de l'emmener dans ce coin perdu, et là, il l'avait étranglé et était parti avec le taxi...

— Et alors ? Il y en a partout des histoires

comme ça ! Celle-là, on en parle à la télé, mais quand il y a une bombe qui éclate dans un bus, ça met en danger des tas de gens, des foules entières, mais ni la télé ni les journaux ne le signalent. C'est pas bizarre ça ?

— De quoi tu parles ? De ces musulmans de la province du Xin Jiang ? D'après mon père, ils en ont marre qu'on les gouverne depuis Pékin... Or, ça n'a rien à voir ! »

Mais Yu Mei poursuivit sans tenir compte de la remarque :

« Heureusement, même quand la télé ne leur en parle pas, les Pékinois se transmettent le message de bouche à oreille. Tu te rappelles, Mei Hua, on ne voulait plus prendre les lignes de bus qui passaient là où avait eu lieu l'attentat !

— En tout cas, toi tu vas dans un endroit dangereux...

— Tu n'en sais rien, tu y es pas allée, à cet endroit ! Moi je te dis qu'on nous bourre la cervelle pendant des jours avec un fait divers, et que, quand il arrive des choses très graves, on fait comme si elles n'existaient pas...

— La télé ne dit rien, la radio non plus, mais tu affirmes toi même que tout le monde en parle ; et c'est vrai, ça nous empêche pas de savoir que c'est les musulmans du Nord-Ouest de la Chine qui ont fait le coup !

— Vous disputez pas ! Vous êtes jeunes... C'est vrai, la justice, c'est pas pour aujourd'hui, et peut-être même pas pour demain. Tiens, moi je vais aussi vous en raconter une, puisque maintenant vous vous intéressez à tout ça... Ce matin, j'ai eu la visite de la mère Chen du quatrième étage. Tu sais, Yu Mei, qu'elle a un cousin qui travaille dans les chemins de fer. Il est conducteur de train entre Pékin et le Nord-Est, dans la province lointaine du Hei Long Jiang[1]. »

Tout en parlant, elle leur distribuait les quartiers de pomme et les boulettes de riz glutineux.

« Eh bien, il est passé la voir hier, il revenait de là-bas complètement bouleversé. Son train avait été bloqué, en pleine nuit, par six cents chômeurs allongés sur la voie. Je sais pas si vous savez, mais il fait moins trente, en hiver, là-bas. Il disait qu'il était descendu de la locomotive pour tenter de les raisonner. Ils avaient tous été licenciés d'une usine d'État qui avait fermé ses portes, et cela faisait six mois qu'ils n'avaient rien touché. Ils étaient prêts à mourir ! Il a fallu tirer le maire du lit, et, en pleine nuit, la municipalité a été obligée de venir négocier... Et il

1. Le Hei Long Jiang est ce qu'on appelle la Mandchourie.

paraît que les chômeurs ont obtenu quelque chose... Un début de quelque chose. Parfois, les êtres humains sont vraiment traités comme des chiens. »

Finalement, après un moment de conversation, le fait que Yu Mei se soit introduite, par un enchaînement de circonstances, dans ce monde inconnu ne paraissait plus aussi effrayant...

« Je ne comprends pas comment tu fais pour rencontrer des gens extraordinaires, lui dit son amie. À moi, ça n'arrive jamais ! »

Yu Mei avait tout raconté, enfin presque tout. Elle avait parlé de la « vieille mère » dont, d'ailleurs, elle aurait aimé avoir des nouvelles, mais elle n'avait pas parlé de l'homme qui les avait suivis, Brin d'Herbe et elle, et qu'elle avait revu le matin même. Elle en était très inquiète sans arriver à comprendre pourquoi. Quand elle y pensait, elle sentait un grand poids, bien que l'homme n'eût pas paru spécialement menaçant. Sans doute le serait-il pour Brin d'Herbe ?... Tout cela était trop confus, et elle n'aurait pas su l'exprimer, mais c'était pour elle un souci permanent. Dans la rue, le marchand de *Pékin Soir* passait à vélo, et on entendait son appel modulé : *« Bei-jing-wan-bao ! Bei-jing-wan-bao ! »*[1]

« Au fait, maman n'a pas donné de ses nouvelles ?

1. *« Pékin Soir ! Pékin Soir ! »* (journal paraissant l'après-midi).

— Elle est chez l'oncle Wang », dit la grand-mère.

Et Yu Mei se tourna vers son amie.

« Je m'imagine que c'est comme si je n'avais pas de mère, et puis voilà !

— Ne dis pas de bêtises, rétorqua la grand-mère, elle te nourrit !

— Pourquoi tu la défends toujours ?

— Si j'allais dans ton sens, tu serais de plus en plus en colère, et la colère, ça détraque le foie, tu le sais bien !

— Tu lui as dit que j'irai pas chez l'oncle Wang ?

— Et quand est-ce que j'aurais pu le lui dire ?

— De toute façon, j'irai pas !

— Mais tu es grande, elle te forcera pas. Je lui dirai de te laisser avec moi. »

Et après un silence, elle poursuivit :

« Tu lui en veux donc tant que ça pour l'oncle Wang ?

— Je m'en fous pas mal de l'oncle Wang ! C'est... c'est... à cause de mon père. »

Mei Hua, pour faire diversion, avait allumé la télévision qui montrait un reportage sur l'ouverture d'un commerce, avec fleurs et fanfare, le long d'une des grandes avenues centrales de Pékin. Comme ça avait l'air d'être un événement, elles tendirent l'oreille toutes les trois pour écouter la présentatrice en longue robe de velours cramoisi fendue sur le côté, brodée de strass et profondément décolletée : *« ... C'est pourquoi l'ouverture du premier cyber-café de Pékin sera la fierté de ce quartier et attirera, nous l'espérons, de plus en plus de jeunes et de moins jeunes, chinois et étrangers, à l'aube du* III*e millénaire. »* Et elle se promenait entre les rangées d'écrans et de claviers, parmi les corbeilles et les couronnes de fleurs bardées de banderoles de félicitations pour cette ouverture, comme c'était la coutume.

« Tiens, tu aurais dû descendre acheter *Pékin Soir* tout à l'heure, dit la grand-mère à sa petite-fille, on aurait su le jour exact de l'ouverture de la foire du Nouvel An ! »

Le jour où elles y allèrent était une belle journée froide avec un peu de vent. La foule se pressait pour entrer dans l'enceinte du parc où se tenait la foire. Les enfants en vêtements neufs de couleurs vives, les petites filles maquillées comme des poupées, et les garçons brandissant fusil laser, mitraillette lumineuse ou tout autre accessoire agressif et bruyant. Il fallait être gai : c'était le Nouvel an, et faire du bruit, en Chine, chassait les esprits mauvais et contribuait à la gaieté ! On était heureux d'être là où il y avait le plus de monde, de venir dépenser de l'argent et de s'amuser. C'était sûr, cela porterait bonheur pour toute l'année à venir !

La grand-mère était fière de se montrer avec deux jolies jeunes filles : Mei Hua, comme toujours, était très à la mode, et Yu Mei avait échappé aux couleurs feuille-morte qu'affectionnait sa mère. Avec ses étrennes, elle avait acheté un blouson orange à motifs mauves. Toutes les deux avaient mis une touche de rose sur leurs pommettes et sur leurs lèvres, et, chacune d'un côté, elles donnaient le bras à la vieille dame qui n'avait pas été oubliée et qui s'enroulait la tête et les épaules dans un châle vert tout neuf. Cependant, la gaieté de Yu Mei n'était pas très naturelle. Elle se forçait un peu à sourire aux babillages incessants de son amie, mais son esprit était ailleurs. Ce n'était pas qu'elle ressassait la suite des événements de ces dernières semaines, non. C'était plutôt qu'elle avait comme une espèce de pressentiment. Elle se sentait très tendue, nerveusement, comme si quelque chose d'important n'allait pas tarder à se produire.

« C'est ridicule ! songeait-elle quand elles se retrouvèrent au milieu de la foule. Il n'y a aucune raison. » Partout on s'attroupait devant des montreurs d'animaux, ou des stands de jouets traditionnels qui ne se vendaient qu'au Nouvel An. Ou bien, on faisait la queue pour entrer assister à des attractions, dans des enceintes délimitées par des murs de drap. Un groupe de jeunes gens en costume de moines bouddhistes vendaient des tickets pour une démonstration de kung-fu des moines de Shao Lin[1].

L'affiche disait : « *Ils prennent appui sur des épées et ne se coupent pas, ils tordent avec la seule force de leur torse de solides barres de fer et cassent des briques du tranchant de la main.* » Mais cela n'intéressait pas trop les deux amies qui avaient déjà vu ce genre de spectacle. Un ours enchaîné poussait de drôles de cris, sous les ordres de son dompteur, dont seule la pointe du fouet dépassait au-dessus de la bâche rouge derrière laquelle ils s'exhibaient.

Les adolescentes entraînèrent la vieille dame vers un stand qui répandait une musique assourdissante. On pouvait y acheter les derniers tubes à la mode de Hong Kong à Pékin, en passant par Taipei et Shanghai. Le « canto-pop » ignorait les frontières politiques.

On entendit des roulements de tambour, et Mei Hua sursauta, comme si elle ne savait pas que ce type de musique saluait l'année nouvelle. Une troupe de garçons vêtus de turquoise et de blanc, une serviette nouée sur la tête à la manière des paysans du Nord, sortit de la foule, frappant ces

1. Très grand temple qui est la plus célèbre école de kung-fu chinoise, en pleine activité encore aujourd'hui.

rythmes caractéristiques de la province du Shan Xi dans un ensemble parfait. Ils passèrent et les chansons reprirent le dessus. Des enfants couraient partout, pointant au bout de leurs petits bras les moulins à vent du Nouvel An, faits de bambou et de papier. Le mouvement de l'air en faisait tourner les moulinets, qui actionnaient à leur tour des clapets, frappant de minuscules tambours de papier. *Clac, clac, clac ! Clac, clac, clac !* Et plus ils couraient vite, plus ça claquait !

S'éloignant du stand de musique, elles se dirigèrent vers un marchand de fleurs en plastique et de devises écrites verticalement, sur papier rouge, que l'on collait de chaque côté de la porte d'entrée, comme porte-chance, pour les douze mois à venir. Il y avait aussi le caractère « bonheur » en doré sur fond rouge qu'on pouvait acheter dans toutes les tailles, à mettre sur les portes d'entrée. La grand-mère en acheta un assortiment, et Mei Hua se décida pour une branche en plastique de prunier en fleur, qui était traditionnellement la fleur du Nouvel An. C'était d'ailleurs pour cela qu'on l'avait appelée Mei Hua, « Fleur de Prunier », puisqu'elle était née au début de l'année.

Une douce odeur de bouillon de viande leur chatouillait les narines depuis un moment. Les effluves venaient d'un endroit où l'on apercevait des petits nuages de vapeur s'élevant d'énormes chaudrons. Elles s'en approchèrent, mais la foule était assez dense, et on entendit quelqu'un crier : « Laissez passer ! laissez passer ! » La voix retint l'attention de Yu Mei, qui lâcha le bras de sa grand-mère pour s'approcher : elle pensait avoir reconnu la voix de Brin d'Herbe, et en effet, c'était bien lui qui se frayait péniblement un passage à travers la foule, devant l'échoppe en plein air, tirant un énorme sac-poubelle. Elle l'appela. Il tourna la tête, parut heureux de la reconnaître et lui fit signe de contourner la foule pour le retrouver derrière le restaurant.

« Attendez-moi, je reviens ! » dit-elle à ses deux compagnes en les plantant là.

« Je travaille ici, je m'occupe des détritus. Ça me permet de récupérer toutes les canettes en aluminium, et il y a tellement de monde que ça s'accumule à toute vitesse ! »

Il la retint par le bras.

« Ça tombe bien que je te voie... Devine qui je viens d'apercevoir à l'instant, dans la foule ?

— ... ?

— Le type à la casquette qui nous avait suivis !

— Mais c'est incroyable ! Figure-toi que je l'ai vu moi aussi, il y a quelques jours, en rentrant de l'école...

— Je peux te dire que, si j'avais pas eu mon boulot, je l'aurais poursuivi sans le lâcher jusqu'à ce que je sache ce qu'il fabrique ! Curieusement, j'ai l'impression que, cette fois, il m'avait pas vu et je comprends pas du tout ce qu'il fiche, mais sois sur tes gardes ! »

Quelques instants plus tard, les deux amies et la grand-mère se retrouvèrent attablées devant un grand bol de nouilles au bouillon, servies par Brin d'Herbe que Yu Mei leur avait présenté.

« Et le bouillon est au bœuf mariné avec de l'anis étoilé. C'est le plus parfumé de toute l'enceinte de la foire, vous allez vous régaler ! »

Venant du stand voisin, on entendait les longs sifflements des toupies. Jouets traditionnels du Nouvel An, elles se lançaient à la ficelle et il fallait les fouetter, pour entretenir le mouvement. Quand elles atteignaient une certaine vitesse, des notes longues et plus ou moins aiguës s'élevaient du sifflet taillé dans le corps de bois rond des toupies.

Yu Mei apprit que la « vieille mère » allait mieux, qu'elle recommençait à marcher. Puis, en aparté, Brin d'Herbe lui glissa :

« Il se passe des tas de choses chez nous...

— Comment ça, chez “vous” ?

— Oui, parce que... enfin les flics ont dit à la “vieille mère” qu'ils savaient que je vivais là et que, maintenant, je devais absolument être inscrit comme migrant temporaire. Ils disent que je suis plus un enfant. »

Et puis, avec un petit sourire forcé, il poursuivit :

« Il faut que je sois un vagabond qui paie la taxe, quoi !... Enfin, je vais pas t'expliquer là, j'ai pas le temps... Peut-être aussi que je vais plus m'appeler Brin d'Herbe... Ça serait bien que tu passes... Le jour du Nouvel An et le lendemain, ils ont pas besoin de moi ici, parce qu'ils auront un supplément de main-d'œuvre et on serait vraiment trop nombreux... »

Yu Mei trouvait tout ça très embrouillé, même carrément obscur, mais elle avait envie d'en savoir plus.

« Le jour du Nouvel An, dit-elle, il faut être avec la famille, mais le lendemain, je viendrai. Maintenant, je connais le chemin. »

Et toutes les trois laissèrent Brin d'Herbe à son travail de videur de poubelles.

Il restait encore beaucoup à voir et de l'argent à dépenser dans les poches. Yu Mei savait très bien où sa grand-mère avait envie d'aller, même si elle n'osait pas imposer ses goûts à la jeunesse ! Elle regardait du côté de l'estrade d'opéra chinois dont on commençait à entendre les coups de gong et les modulations vocales. Tout à coup, la vieille dame comprit, à la mélodie entendue, de quel morceau il s'agissait, et elle dit aux adolescentes :

« Oh, c'est *Le Pavillon aux pivoines*, la scène où la belle Du Li Niang voit en rêve un beau lettré dont elle tombe amoureuse... Je vais aller voir ça un moment, retrouvez-moi devant l'estrade ! »

Les deux filles, indifférentes à la poésie de cette histoire vieille de plusieurs siècles, s'éloignèrent vers un stand de serre-tête de toutes les couleurs et de barrettes fleuries pour les cheveux, tandis que la grand-mère se serra dans la foule pour écouter la mère, dans *Le Pavillon aux pivoines*, en robe chamarrée, qui disait à sa fille :

« Une fille ne doit pas dormir
dans la journée,
seules les femmes paresseuses le font... »

Elle chantait en même temps, à voix basse, car elle connaissait par cœur cet opéra-là et bien d'autres, d'ailleurs. La belle Li Niang répondait d'un air languissant, dans son costume rose pâle entièrement brodé de fleurs et d'oiseaux. Et la grand-mère de Yu Mei, qui savait qu'elle n'allait pas tarder à mourir de tristesse à cause de cet amour rêvé, en avait les larmes aux yeux. À la fin de sa tirade, les « *Hao*[1] ! » fusèrent dans la foule d'amateurs.

Pendant ce temps, les deux adolescentes avaient acheté quelques babioles. Mei Hua tira son amie par la manche pour regarder travailler un artiste qui dessinait avec un filet de caramel, sur une plaque de marbre, un dragon avec ses pattes, sa gueule béante et même deux yeux bien ronds. Mais Yu Mei n'arrivait pas à s'intéresser à l'animal qu'elle voyait naître, écaille après écaille. Quand l'ensemble fut assez dense, le marchand y plaqua un bâton qui colla au motif et, ensuite, décolla le tout, promenant en l'air un dragon en dentelle dorée qu'une petite fille attrapa en trépignant de plaisir.

C'est à ce moment-là qu'elles éprouvèrent un besoin pressant. Elles partirent à la recherche des toilettes et durent faire la queue pour entrer. Yu Mei, qui était passée en premier, attendait maintenant derrière le petit bâtiment, là où l'odeur était moins forte, tenant le manteau de Mei Hua. La bousculade était intense tout autour.

Pourtant, malgré le bruit de la foule, elle entendit nettement des pas de course qui s'arrêtèrent juste derrière elle. Mais au moment où elle en prit conscience, une main inconnue s'était déjà collée sur

---

1. *Hao* veut dire « bien ». Il est lancé comme un « Bravo ! ».

sa bouche, pendant qu'une autre lui avait attrapé le poignet et la plaquait au mur. Terrorisée, elle leva les yeux et reconnut l'homme à la casquette, qui, haletant, la suppliait :

« Ne crie pas, Yu Mei, n'aie pas peur. »

Comment aurait-elle pu ne pas avoir peur ? Et comment ce type savait-il son nom ? Elle tremblait, ses jambes ne la portaient plus. C'était donc cela qu'elle avait pressenti tout l'après-midi ! Elle crut qu'elle allait s'effondrer. Il le sentit, relâcha son étreinte et lui dit en la regardant très intensément :

« Yu Mei, je suis ton père ! »

Elle restait immobile, effarée, sans comprendre. Il lui prit alors la main, doucement cette fois, comme pour la soutenir.

« Pardonne-moi ! Je t'ai cherchée tellement longtemps... Je t'ai suivie plusieurs fois... Je ne pouvais pas t'aborder... J'avais peur. Mais cette fois, il le fallait, je ne pouvais pas repartir sans t'avoir dit, au moins, que je vivais quelque part et que je pensais tout le temps à toi... Je ne t'ennuierai plus, je repars ce soir ! »

Il avait prononcé tout cela d'une traite, d'un ton douloureusement monocorde, et Yu Mei, qui avait imaginé des retrouvailles idylliques mais lointaines, n'osait même pas le regarder.

Dans une espèce de brouillard, sans savoir combien de temps avait passé, elle entendit la voix de Mei Hua qui la cherchait. Il fallait redescendre sur terre. Ce fut son amie qui la trouva, car elle ne pouvait pas dire un mot. Le père donna une brève explication, dont Mei Hua, qui n'était pas au courant de l'histoire du suiveur, ne comprit rien. Comment se retrouvèrent-ils tous les trois près de la grand-mère, Yu Mei eut été incapable de le dire. Cependant, son air hagard fut vite compensé par l'excitation de la vieille dame, émue cette fois pour quelque chose de réel et qui, pour rompre la gêne, décida de rentrer sur-le-champ faire des raviolis pour son gendre, ce papa qui tombait quasiment de la lune !

Le père n'avait plus reparlé à sa fille, depuis son approche un peu brutale. Arrivées à la maison, les trois femmes se mirent au travail. En refermant la pâte autour de la farce pour faire les raviolis un à un, Yu Mei écoutait l'homme inconnu encore une heure auparavant, et son regard vide semblait rentré à l'intérieur d'elle-même. C'était pourtant, indirectement, à elle que s'adressaient ses explications :

« Ça fait des années que j'attendais ce congé pour venir voir ma fille. J'ai obtenu un mois, pour bonne conduite, mais nous avons dû partager les congés du Nouvel An, pour que ceux qui partaient ne s'absentent pas tous en même temps. On m'a attribué les semaines qui précèdent la veille et le jour du Nouvel An. Je dois être rentré le deuxième jour de l'année dans notre village du Xin Jiang, et comme j'ai trois jours de voyage depuis Pékin, je passerai les fêtes dans le train. C'est pour ça qu'aujourd'hui était ma dernière chance de voir Yu Mei...

— Mais pourquoi, demanda la grand-mère, n'êtes-vous pas venu ici, au lieu d'errer dans la ville à sa poursuite ? »

Elle ne le tutoyait pas... C'était à peine si elle l'avait reconnu, cela faisait tant et tant d'années qu'ils ne s'étaient pas vus.

« J'avais trop peur ! Les dernières nouvelles que j'avais eues de sa mère me disaient que je n'existais plus pour vous trois, que je serais désormais un homme mort... »

Une main passée sous les poignées de son sac, il pétrissait ses doigts calleux de travailleur... Ce qu'il avait à dire sortait tout seul, comme s'il l'avait préparé pendant des années dans sa tête... Mais l'émotion, elle, était neuve.

« Je m'attendais au pire, si je m'étais trouvé face à sa mère, et je n'étais pas sûr qu'elle ne soit pas ici... Je voulais me faire reconnaître de Yu Mei seule... »

La grand-mère, de son côté, se souvenait que sa fille lui avait confié, en lui parlant de son ex-mari : « Si tu lui ouvres la porte, ne serait-ce qu'une fois, je te retire Yu Mei, et tu ne la verras plus jamais toi non plus ! »

Le père triturait maintenant les poignées du sac de voyage posé sur ses genoux. La toile kaki en était tellement usée qu'on avait dû y coudre des pièces à plusieurs endroits.

« J'ai perdu beaucoup de temps... C'est pas évident de suivre quelqu'un ! »

Mais son ton n'était pas franchement triste, il exprimait un immense soulagement.

Quand les raviolis furent prêts, tout le monde s'assit autour de lui, Yu Mei se taisait toujours, mais l'atmosphère se détendait et, d'ailleurs, personne ne cherchait à la brusquer. Son père ne la regardait pas et, par pudeur, ne s'adressait pas directement à elle. Pourtant, elle savait que c'était pour elle qu'il avait traversé toute la Chine et que, c'était pour la retrouver que, pendant un mois, le mois de congé qu'il attendait depuis des années, il l'avait guettée et suivie sans oser l'aborder jusqu'à aujourd'hui.

Pendant qu'il mangeait ses raviolis, Yu Mei le regardait à la dérobée. Elle cherchait en vain un détail de son visage qui aurait pu lui sembler familier. Elle lui trouvait peu de ressemblance avec la photo cachée dans la pendule, qui, c'est vrai, datait presque de dix ans. En même temps, elle aurait eu mille questions à lui poser, et mille, c'était encore peu dire ! Alors, elle prit une grande respiration et annonça :

« Quand je serai grande et que j'aurai de quoi payer le voyage, j'irai te voir. »

Il y eut un silence. L'homme la regarda longuement. Ses mains tremblaient juste un peu quand il reprit ses baguettes pour finir les raviolis de son bol, et il dit :

« C'est bien. »

Puis il se leva et alla vers son vieux sac de voyage, posé dans un coin. Il en sortit un paquet emballé dans du papier journal et attaché par une ficelle de chanvre brut.

« C'est pour vous ! Du thé aux huit trésors ! La meilleure chose que nous ayons là-bas. »

Aucune des deux amies ne savait ce que c'était. Seule la grand-mère en avait entendu parler, mais n'en avait jamais bu.

« Une chose apportée de si loin est déjà en elle-même un trésor, dit la vieille dame. Et alors, en plus, si c'est un rare délice... ! Mais nous, nous n'avons rien de comparable à vous offrir ! (Elle ne mentionnait pas les raviolis, dont elle venait déjà de mettre une grande quantité dans un sac en plastique, comme provision pour son voyage en train.)

— Oh, pour moi, dit-il, ne vous inquiétez pas ! C'est mon plus beau Nouvel An depuis des années, pendant lesquelles l'idée de ne plus revoir ma fille me rendait tellement malheureux. Maintenant, je sais que plus personne ne pourra jamais l'empêcher de me voir, et ça, c'est un cadeau sans prix ! »

Yu Mei, à qui cet étranger, debout devant elle, semblait un petit peu moins étranger, demanda alors ce que contenait le « thé aux huit trésors », et le père, qui répondait pour la première fois à une question de sa fille, expliqua qu'il s'agissait du mélange de ces huit « trésors » : le sucre candi, les longanes, les jujubes et les azeroles séchées, les fleurs de chrysanthème, les graines rouges de *gou qi*... et les feuilles de thé !

« Il manque un des trésors ! s'écria Mei Hua qui, elle, n'étant pas bouleversée d'émotion, avait compté.

— Ah bon ? J'en ai oublié un ?

— Allez ! vous avez encore le temps avant le départ du train, dit la grand-mère, nous allons le goûter tous ensemble ! »

Le père lui montra comment faire : il fallait une grande tasse à couvercle de porcelaine pour chacun. Dans chaque tasse, il disposa un peu des huit trésors avant d'y verser l'eau bouillante (il retrouva le dernier oublié en voyant ses petites feuilles sèches : c'était le *pang da hai*, une plante utilisée en médecine chinoise). Même les deux adolescentes, pour qui le thé était une boisson un peu démodée, le trouvèrent délicieux. Le goût de chacun des huit trésors se révélait à l'infusion. On pouvait remettre plusieurs fois de l'eau, et ensuite il restait à déguster les fruits secs qui, dans l'eau chaude, s'étaient lentement réhydratés.

Quand son père eut franchi la porte pour aller prendre son train, Yu Mei réalisa qu'elle ne l'avait pas touché, même du bout des doigts. Elle demanda à sa grand-mère et à Mei Hua :

« Dites-moi que je n'ai pas rêvé !

— Mais non, andouille, lui répondit son amie. Regarde ce que tu tiens à la main ! »

En effet, elle tenait une page de carnet arrachée sur laquelle son père avait écrit son adresse, et même le numéro de téléphone de son unité de travail, là-bas, au Xin Jiang.

La grand-mère rayonnait de joie.

« Ce sont les surprises du Nouvel An, dit-elle ; parfois, elles arrivent même avant le Nouvel An !

— Mais, grand-mère, s'écria soudain Yu Mei qui venait de penser à quelque chose, on n'a même pas parlé de mon petit frère, le bébé de la photo ! »

Par la fenêtre, elle vit son père s'éloigner à grands pas, portant son sac par-dessus l'épaule.

La veille au soir du premier jour de l'année lunaire, avait lieu le dîner du Nouvel An. D'un commun accord, Yu Mei et sa grand-mère ne devaient rien dire à la mère des retrouvailles avec le père. En tout cas pour le moment. La révélation en viendrait toujours assez tôt... causant vraisemblablement un drame. En fait, la vieille dame espérait secrètement que ce serait plus facile à avouer quand sa fille serait installée dans la vie de l'oncle Wang. Pour que le réveillon soit paisible, elle cacha aussi à sa petite-fille qu'il avait été question de le passer chez les Wang, mais qu'elle s'y était formellement opposée. La mère, d'ailleurs, n'avait pas insisté au souvenir de la réaction violente de Yu Mei.

Elles étaient donc trois pour ce dîner de Nouvel An, et l'atmosphère manquait un peu d'animation. Mais l'adolescente et sa grand-mère partageaient un secret qui leur réchauffait le cœur, et la mère, la tête ailleurs, avait l'air moins crispée que d'habitude. Yu Mei songeait à la visite qu'elle allait faire à Brin d'Herbe, et les deux femmes riaient en écoutant les dialogues comiques de l'émission spéciale « soirée du Nouvel An » à la télévision.

Il n'y avait pas de dîner de Nouvel An sans poisson, car le mot *poisson*, en chinois, était homophone du mot qui signifiait « richesse-prospérité ». Il fallait donc en manger pour représenter la prospérité de l'année qui commençait, mais il ne fallait surtout pas le finir, car cela aurait auguré qu'on épuiserait toutes les richesses dans l'année. Alors, sur la table, baignant dans la sauce de soja, le reste du poisson refroidissait dans son petit plat bleu, sous les lamelles de gingembre.

Le lendemain du Nouvel An, Yu Mei alla téléphoner à Mei Hua pour lui proposer de venir avec elle prendre des nouvelles de la « vieille mère » et parler avec Brin d'Herbe, mais celle-ci lui répondit que c'était impossible. Elle allait au restaurant avec toute la famille. Il y aurait, entre autres, son cousin, un peu plus âgé qu'elle.

« Ça ne m'amuse pas du tout : tu sais comme il m'emmerde toujours avec ses questions pour savoir si j'ai un amoureux. Il n'est content que quand il m'a fait rougir devant tout le monde ! Mais je dois absolument y aller. Je ne me mettrai pas à côté de lui, et puis voilà. Je me console en pensant au canard laqué qu'on va manger, tu sais, dans ces restaurants spécialisés où on déguste toutes les parties du canard, depuis la langue jusqu'aux pattes palmées. Le clou, c'est bien sûr la peau craquante, dans les petites crêpes... Mmm... j'adore ça ! Et puis, tu sais pas la nouvelle ? Mes parents veulent que j'aille étudier dans une école privée[1] pour mes années de lycée. Ils

1. Il y a maintenant en Chine des écoles privées, extrêmement chères, qui dispensent un enseignement de qualité et qui sont

disent qu'il faut que j'aie un excellent niveau d'anglais pour pouvoir aller étudier à l'étranger...

— Ah bon ? Tu vas aller étudier à l'étranger ?

— Tu trouves pas que ce serait une bonne idée ?

— Je ne sais pas... Tu m'en avais jamais parlé, c'est tout !

— Je n'y avais pas pensé, ou juste comme ça, sans plus... Mais on en a beaucoup discuté le jour du Nouvel An, et mes parents, eux, ils veulent vraiment que je le fasse... Ils disent que, même si ça leur coûte très cher, ils sont prêts à payer.

— Bon, ben alors, on se verra un autre jour des vacances. Salut ! »

Yu Mei raccrocha le téléphone public, paya sa communication à la préposée du quartier et reprit son vélo. Sur son porte-bagages, un énorme paquet de raviolis dans un sac en plastique, soutenu par une cuvette en émail, fumait encore. On n'arrivait pas les mains vides, au moment du Nouvel An !

Selon le calendrier lunaire, on entrait dans le printemps, et pourtant, la température ne s'élevait guère au-dessus de zéro. Le long d'un panneau publicitaire vantant des sous-vêtements sur une actrice déshabillée, Yu Mei regarda avec étonnement s'éloigner un homme qui faisait du jogging en short blanc

---

super équipées en matériel informatique, scientifique, laboratoires de langues, etc.

et chaussures de sport impeccables, et que suivait le petit nuage de vapeur de sa respiration.

Le lendemain du Nouvel An était le jour où l'on commençait à rendre visite aux amis. De plus, les jeunes et les enfants qui avaient reçu des étrennes voulaient les dépenser. Il se trouvait donc dans la rue une foule à peu près aussi dense que les jours précédant le Nouvel An.

Elle pédalait depuis un moment déjà quand un petit bus[1] lui fit un queue-de-poisson pour s'arrêter juste devant elle, l'obligeant à piler. La porte du bus s'ouvrit et un homme en descendit, poussant devant lui sans ménagements une femme qui criait : « Oui, je réclame encore ma monnaie ! J'ai pas peur de vous ! Je vous ai donné dix yuans, et vous ne m'avez pas rendu la monnaie ! » L'homme était le chauffeur du bus. Tout en lui répondant : « Tu vas la fermer, ta grande gueule ? », il lui assena un puissant coup de poing qui l'envoya culbuter en arrière et s'effondrer sur le trottoir.

Le chauffeur remonta et démarra en trombe. Pour une fois, il se trouva des gens pour aider la

---

1. Bus de compagnies privées, par opposition aux grands bus publics, qui sillonnent la ville selon un itinéraire précis, mais peuvent s'arrêter presque n'importe où, le long de cet itinéraire, à la demande du client.

femme à se relever. Elle avait du mal à ouvrir un œil et semblait sonnée.

Parmi les témoins ulcérés par la scène, un jeune brandit un papier en criant : « J'ai noté le numéro du bus, on le retrouvera ! » Yu Mei, qui avait été aux premières loges pour assister à toute la scène, repartit, songeuse.

Le ciel se couvrait, et elle pédalait, pédalait... Elle s'engagea enfin sur le chemin défoncé, après le terminus des bus ; et là, relâcha-t-elle sa vigilance, se croyant arrivée ? Elle se retrouva, en tout cas, dans un cul-de-sac, au milieu de cages contenant des canards qui caquetaient tous à l'unisson, comme si, avec les fêtes, on avait oublié de leur donner à manger. Elle fit demi-tour, mais ne reconnaissait plus rien. Elle aperçut, de dos, deux hommes à pied qui avaient l'air de boiter. Elle les rattrapa pour leur demander s'ils connaissaient la « vieille mère ». Ils répondirent des grossièretés à peine compréhensibles : ils étaient ivres à ne presque plus tenir debout. Rebroussant chemin, elle se retrouva au bord d'une espèce de marécage, jonché de détritus non récupérables : toujours cet affreux polystyrène !

Bien que l'après-midi commençait à peine, le ciel était absolument sans lumière. « Je suis perdue ! » se dit Yu Mei. De l'autre côté du marécage, quelqu'un faisait des signes. « J'ai fanfaronné en disant que je retrouverais le chemin ! Heureusement que Mei Hua n'est pas là ! Qu'est-ce que j'entendrais !... D'ailleurs, maintenant que je revois ce coin, ça n'est pas un endroit pour elle ! » La silhouette qui agitait les bras et appelait se rapprochait :

« Oh ! là-bas ! fillette ! »

Yu Mei se tourna à droite puis à gauche, il n'y avait personne d'autre qu'elle. Est-ce que ça pouvait être elle, la « fillette » à qui on s'adressait ? De plus près, il lui sembla reconnaître la jeune paysanne qu'elle avait vue chez la « vieille mère », le jour où celle-ci s'était brûlée.

« Hé, toi, la copine à Brin d'Herbe ! Oui, c'est toi que j'appelle ! Je t'ai vue, de l'autre côté de la mare !... »

Vexée d'avoir été appelée « fillette », elle ne répondit pas.

« On a entendu les ivrognes qui criaient des imbécillités. D'accord, c'est *plumes de poulet et pelures d'oignon*[1]... Mais le Taoïste nous a envoyés te guetter. On voulait pas qu'ils te fassent peur. Brin d'Herbe est parti d'un côté et moi de l'autre.

— Alors les ivrognes ont été ma chance, parce que j'étais perdue ! »

En effet, c'était cette fille de la campagne qui

1. Expression chinoise pour dire : « rien du tout ».

n'avait pas pu repartir dans son village pour le Nouvel An, et Yu Mei, maintenant qu'elle l'avait identifiée, était bien contente de la trouver là.

Elle avait été trop loin, et de ce côté-là, elle n'avait pas reconnu le marigot. C'est qu'à cet endroit, il était beaucoup plus large. Il ne devenait plus étroit qu'en se rapprochant de la baraque où logeait la vieille amie de Brin d'Herbe.

Elle descendit de vélo pour marcher à côté de la jeune paysanne qui leva le nez pour regarder le ciel et dit :

« Il va neiger ! »

Elles eurent tôt fait d'atteindre la maison de tôle et de brique. Derrière la mince porte de bois, on entendait des rires, et une fois soulevée la portière de tissu matelassé, Yu Mei vit que toute cette animation venait de la « vieille mère » et du Taoïste qui trinquaient. On lui retourna gaiement ses souhaits de bonne année et on lui fit une place près du poêle qui ronflait. Les phrases de politesse étaient très importantes au moment du Nouvel An.

Brin d'Herbe n'était pas encore rentré, et la jeune paysanne, qui était restée sur le pas de la porte, sortit à sa rencontre. La vieille dame montra à Yu Mei sa jambe encore bandée.

« C'est la peau qui est paresseuse pour se refaire...

Je suis trop vieille, mais on y arrivera, avec un peu de vin jaune, hein, Vieux Song ? »

Ainsi donc, le Taoïste s'appelait Song, de son nom de famille.

« Tu ne bois pas de vin de céréales, je suppose, dit-il en remplissant les deux petites coupes de porcelaine qu'ils venaient de vider. Alors, je vais te faire une tasse d'un thé vert qu'un ami m'a envoyé du Sud. Tu verras... ça rend l'esprit léger comme une plume.

— À propos d'esprit léger, il me racontait une histoire incroyable, celle de son ami le fou-poète ; tiens, redis-la pour elle !

— Tu l'appelles fou, mais lui ne se prend pas pour un fou, et d'ailleurs, moi je le trouve moins fou que beaucoup d'autres. »

Tout en préparant le thé, il raconta qu'il connaissait un vieux monsieur qui, tous les jours, allait s'asseoir dans un jardin public, un miroir sur les genoux, et se plongeait dans d'interminables contemplations du ciel. Le jour où il lui avait demandé ce qu'il guettait dans ce miroir, ils étaient devenus amis. L'homme au miroir avait répondu qu'il regardait passer les nuages. Les nuages, disait-il, étaient le reflet de l'au-delà. Et on y distinguait parfois les ombres de ceux qui nous avaient quittés.

« La vieille mère trouve cette histoire si cocasse qu'elle ne s'en lasse pas.

— C'est un vrai poète, et non un fou. Il voit le monde avec d'autres yeux..., admit-elle.

— Et qui sait s'il n'est pas plus tranquille que toi, dans son paysage intérieur, au fond du jardin de sa tête ? »

La fille de la campagne rentra avec Brin d'Herbe sur ses talons...

« Et voilà notre candidat à une existence légale ! » s'exclama le Taoïste qui leva sa coupe en regardant l'adolescent qui venait d'entrer.

Lui se tourna vers Yu Mei et dit :

« Ah, tu es là !

— J'ai apporté des raviolis que j'ai faits avec ma grand-mère. Je les ai posés sur la table. »

La jeune paysanne sautillait de plaisir.

« On les mange tout de suite ! Je les réchauffe... »

La « vieille mère » sembla lire dans les pensées de Yu Mei qui trouvait cette fille un peu sans gêne.

« En famille, on ne se gêne pas ! Et nous, on fait une espèce de famille de bric et de broc... Tous des boiteux !

— Parle pour toi ! plaisanta le Taoïste.

— Et si Nuage de l'Est (c'était donc le nom de la paysanne) était rentrée dans son village, elle nous aurait rapporté quelque chose, n'est-ce pas ? »

La jeune fille, pouffant de rire, répondit avec son franc-parler :

« Sûrement pas ! Je suis en ville pour leur gagner de l'argent. Ils me laissent à peine de quoi manger tout en considérant que j'ai de la chance ! Si je rentrais, je serais à la portion congrue, et aucune chance que je puisse en mettre dans mes poches ! Sûr qu'on m'aurait pas laissée approcher de la réserve de provisions ! Je vous aurais même pas rapporté un trognon de navet !

— Alors t'as bien fait de pas rentrer, tiens ! La petite Yu Mei te comptera pas ses raviolis ! »

Tout le monde riait. Aujourd'hui, rien n'était grave.

« Mais... Brin d'Herbe ? demanda timidement Yu Mei, qui n'avait pas compris ce que c'était qu'un "candidat à l'existence légale".

— C'est toute une histoire ! s'écrièrent-ils tous à la fois.

— La police a fait savoir qu'elle ne le tolérerait plus dans les parages... qu'il fallait qu'il paie la taxe des migrants temporaires, qu'il ait une carte en règle, et tout..., dit la "vieille mère".

— Problème ! poursuivit le Taoïste, comment fait-on quand on ne connaît pas son nom ? qu'on ne sait pas où on est né, ni l'âge qu'on a ?

— Alors, on a réfléchi. J'ai dit aux flics : "Qu'est-ce qu'il faut faire ?" poursuivit la vieille dame. Ils m'ont dit qu'il fallait qu'il vienne d'un village. "Bien sûr qu'il est pas apparu dans une fleur de lotus sur la place Tian An Men, je leur ai dit. Comment vous faites, d'habitude, pour les enfants abandonnés ?" Ils m'ont dit qu'ils ne savaient pas, alors j'ai dit : "Et si je l'adoptais ?" Et ils ont dit que ça pourrait marcher ! Tu parles d'une mère bancale qu'il se ramasse, de l'âge d'une grand-mère !

— Je connaîtrai jamais ma vraie mère, d'accord ! Mais toi, je te choisis entre mille ! C'est pas tout le monde qui a la chance de choisir sa mère, non ? »

Brin d'Herbe avait ouvert le fond de son cœur. Il mit dans les mains de la « vieille mère » un bol de raviolis fumants et il y eut un grand silence. Mais la farce parfumée des raviolis embaumait toute la pièce, et ça ne poussait pas à la philosophie. En aspirant bruyamment le jus, la jeune paysanne déclara qu'elle n'en avait jamais mangé d'aussi succulents. Yu Mei, levant le nez de son bol, vit, par la seule fenêtre qui ne fut pas obstruée par le bric-à-brac entreposé, qu'il commençait à neiger de gros flocons comme du duvet d'oie. Le Taoïste, qui avait attendu que tout le monde soit rassasié, se tourna vers elle et reprit :

« Il y a encore une chose qu'on ne t'a pas dite : ce jeune homme ne s'appelle plus Brin d'Herbe !

— … ?

— Le Taoïste m'a trouvé un nom : je m'appelle Tian Ming. Ça sonne bien, et c'est pas compliqué !

— Mais tu ne lui expliques rien du tout ! Vois-tu, "Brin d'Herbe", c'était un petit nom d'enfant. Quand des migrants l'ont trouvé, à la gare de Pékin, c'est la seule chose qu'il savait sur lui-même. Mais ce n'est pas un nom pour un garçon qui grandit. Alors, moi je me suis souvenu que, tout petit, dans ce moment où il ne savait plus si la vie valait le coup, après qu'il eut perdu son chien, il répétait tout le temps : "Le ciel est sombre." C'était obsessionnel, et on n'arrivait pas à lui faire dire pourquoi il ressassait cela. Peut-être cela remontait-il à quelque chose de sa toute petite enfance ?… Bref, quand il a commencé à aller mieux, je pensais toujours à lui en me disant que son ciel s'éclaircirait peu à peu. Clarté du Ciel[1] est donc un nom fait pour lui ! Ce sera son prénom officiel, derrière "Li", le nom de famille de sa mère adoptive.

— Allez, on trinque tous à la santé de Li Tian Ming ! » conclut la « vieille mère » en levant sa petite coupe de vin jaune.

Yu Mei leva la tasse à couvercle où infusait un délicieux thé vert. Elle regardait du coin de l'œil celui

1. Tian Ming veut dire « Clarté du Ciel ».

qu'elle ne pouvait s'empêcher d'appeler encore Brin d'Herbe. N'était-ce pas un changement extraordinaire ? Pourtant, il était paisible et semblait avoir laissé tomber définitivement sa carapace de stress et d'agressivité. Peut-être était-ce l'effet du vin jaune que le Taoïste avait tenu à lui servir ? Mais non ! Il était calme, et même souriant. Il croisa le regard de Yu Mei et s'approcha d'elle pour lui demander :

« L'homme à la casquette, tu l'as revu ? »

Elle rougit. Il lui fallait du courage pour se jeter à l'eau. Elle n'avait pas bu de vin, elle !

« Je l'ai revu !... C'est mon père ! »

Et elle dut tout raconter dans le détail.

« D'ailleurs, je vous ai apporté quelque chose qui vient de là-bas, où il vit... C'est du thé aux huit trésors », et elle sortit de sa poche un sachet qu'elle avait prélevé du gros paquet apporté par son père.

La « vieille mère » le reçut avec des exclamations enthousiastes, après avoir plusieurs fois refusé, comme il était d'usage.

Il neigeait de plus en plus fort et Yu Mei pensait à rentrer. Elle demanda au Taoïste si elle pouvait lui rendre visite un de ces jours, pour lui montrer quelque chose.

« Tu es la bienvenue. Du reste, tu trouveras Brin d'Herbe, enfin Tian Ming, si tu viens, car il sera souvent chez moi ! »

La « vieille mère » tint à la raccompagner jusqu'au chemin principal et Brin d'Herbe, enfin Tian Ming, sortit aussi pour marcher avec elle jusqu'au terminus des bus.

« Rentrez, "vieille mère", vous allez prendre un coup de froid ! » cria la jeune paysanne sur le pas de la porte.

La neige tombait si serrée qu'on n'y voyait à peine.

« Neige de printemps ! dit la vieille dame qui boitillait dans la couche blanche.

— Souhaite bonne année à ta grand-mère, et remercie-la pour les raviolis ! »

Comme elle ne rentrait toujours pas, Yu Mei et Tian Ming la prirent chacun par un bras et la raccompagnèrent jusqu'au pas de la porte. Puis ils s'en allèrent sur leur vélo, creusant un sillon crissant dans la couche de neige de plus en plus épaisse.

Quelques jours plus tard, au courrier, il y avait pour Yu Mei une lettre qui venait du Xin Jiang, mais elle n'était pas de son père. C'était un dessin aux crayons de couleur, qui représentait deux enfants se tenant par la main. Le plus grand était une fille, avec deux longues tresses, et l'autre un garçon. Une main enfantine avait écrit en bas du dessin : *Ton petit frère Ding Ding, qui a huit ans.*

Post-Scriptum

Bien sûr, vous savez où se trouve la Chine, sur une carte du monde ! Entre le Japon, la Mongolie, l'Afghanistan et l'Inde, grosso modo, en faisant le tour par l'est. On parle beaucoup de son développement. En effet, la Chine est en train de devenir un grand pays moderne. Les photos de presse et les reportages télévisés montrent des villes du XXIe siècle. Mais ces transformations fulgurantes ne concernent pas tout le monde, et les agglomérations urbaines sont envahies par des gens de la campagne qui fuient la pauvreté et viennent y chercher du travail saisonnier. Ils fournissent, entre autres, une main-d'œuvre bon marché pour la construction de ces tours de verre et de métal qui poussent comme des champignons. Parmi eux, il y a des enfants qui se débrouillent comme ils peuvent pour survivre. Quand je suis en Chine, je trouve que cela saute aux yeux et je suis toujours étonnée qu'on ne parle presque jamais de ces gens-là.

C'est un des sujets qui me tenait à cœur. Le second est moins visible, puisqu'il s'agit des blessures causées par les dramatiques remous de l'histoire récente de ce pays. Dans les familles chinoises, ce sont des traumatismes dont on parle rarement, surtout aux enfants, et qui constituent parfois de véritables secrets. Mais, comme tous les enfants du monde, il arrive que, pour grandir, ils aient vraiment besoin de savoir ce qui s'est passé dans la vie de leurs parents ou de leurs grands-parents.

J'ai donc imaginé ***Le Thé aux huit trésors*** pour parler de tout cela. Et, si les personnages sont inventés, tous les éléments de l'histoire existent réellement, les lieux, les situations, de sorte qu'on peut dire que ces faits sont possibles.

Je me suis dit qu'une telle aventure ne laisserait pas indifférents les jeunes lecteurs curieux de savoir comment on vit ailleurs. Je suis persuadée que, si un enfant ou un jeune n'aime pas lire, c'est qu'on n'a pas encore écrit le livre qui le toucherait lui, et j'espère toujours qu'une de mes histoires va « accrocher » celui qui n'aimait pas lire jusque-là et qu'il dira : « Je ne savais pas qu'on pouvait avoir un vrai plaisir à se plonger dans les pages d'un livre, au point même d'oublier tout le reste ! »

Anne Thiollier